Roman Schneider
Gehaltsverhandlung erfolgreich führen

AF289376

Roman Schneider

GEHALTSVERHANDLUNG ERFOLGREICH FÜHREN

Ratgeber, wie man mehr Gehalt beim Chef aushandelt

Bibliografische Information der Deutschen Nationalbibliothek: Die Deutsche Nationalbibliothek verzeichnet diese Publikation in der Deutschen Nationalbibliografie; detaillierte bibliografische Daten sind im Internet über http://dnb.dnb.de abrufbar.

Verlag: BoD · Books on Demand GmbH, In de Tarpen 42, 22848 Norderstedt

Druck: Libri Plureos GmbH, Friedensallee 273, 22763 Hamburg

ISBN: 978-3-7597-7699-0

INHALTSVERZEICHNIS

1.0 Bedeutung von Gehaltsverhandlungen

Viele Menschen in Deutschland arbeiten für zu wenig Geld oder haben wenigstens das Gefühl, zu wenig Geld für die Tätigkeit zu bekommen, die sie jeden Tag für andere ausführen. Durch Preissteigerungen für Lebensmittel, Wohnen und Energie kommen viele Haushalte nicht mehr mit dem Geld aus, was es für den Beruf als Angestellter oder Arbeiter monatlich gibt. Die Kosten, die zu stemmen sind, sind oft deutlich stärker gestiegen als die Gehälter nach oben angepasst worden sind.

In vielen Berufen sorgen Gewerkschaften für ein Minimum an Gehaltsanpassung, bei vielen Beschäftigungsverhältnissen greifen Tarifverträge jedoch nicht, weil der Arbeitgeber z.b. nicht tarifgebunden ist. Und auch bei Tarifgebundenheit ergeben sich im Rahmen von Tarifverträgen immer Spielräume für Anpassungen nach oben, z.b. durch Eingruppierung in andere Lohngruppen oder -staffeln. Oder durch das Aushandeln von Zuschlägen.

Oft muss man sich aber persönlich bei Vorgesetzten oder der Personalabteilung für eine Gehaltserhöhung einsetzen. Dabei stoßen oft unterschiedliche Interessen aufeinander: Der Arbeitgeber hat im Grunde immer das Interesse, möglichst wenig Kosten zu haben, - der Arbeitnehmer hingegen möchte jedoch möglichst viel Geld für seine Arbeit haben. Da Arbeitgeber auch ein Interesse an guter, produktiver Arbeit haben, mit der eine Firma ja auch Geld erwirtschaftet, ist oft eine Bereitschaft für Lohnerhöhungen da. Man muss sie sich oft nur hart erkämpfen und Einwände wegverhandeln. Guten Argumenten kann ein Arbeitgeber oft nicht widerstehen. Um für die nächste Gehaltsverhandlung gut gewappnet zu sein, sollte man im Buch lesen und typische Fehler/Fallen vermeiden. Wer das Buch gelesen hat und auch nur einige wichtige Tipps beherzigt, hat gute Chancen, das Investment für das Buch schon im ersten Monat einer durchgesetzten Gehaltserhöhung wieder hereinzuholen. Investieren Sie etwas Zeit in sich. Lesen Sie das Buch. Beherzigen Sie die Tipps und freuen sich dann über Ihre durchgesetzte Gehaltserhöhung.

1.1. Ziele des Buches

Gehaltsverhandlungen sind ein entscheidender Faktor im Berufsleben, der oft unterschätzt wird. Dieses Buch hat das Ziel, den Lesern das nötige Wissen und die Werkzeuge an die Hand zu geben, um Gehaltsverhandlungen erfolgreich zu führen und ein **höheres Gehalt durchzusetzen.** Doch warum ist es wichtig, sich intensiv mit diesem Thema auseinanderzusetzen? In diesem Kapitel werden die Hauptziele des Buches erläutert, um den Lesern klarzumachen, welchen Nutzen sie aus der Lektüre ziehen können und warum es sich lohnt, die Strategien und Techniken zu erlernen und anzuwenden.

Ziel 1: Verständnis der Bedeutung von Gehaltsverhandlungen

Das erste und grundlegende Ziel dieses Buches ist es, das Verständnis für die Bedeutung von Gehaltsverhandlungen zu schärfen. Viele Menschen scheuen sich davor, über ihr Gehalt zu verhandeln, sei es aus Angst vor Ablehnung, Unsicherheit über den eigenen Wert oder mangelnder Verhandlungserfahrung. Dieses Buch soll dazu beitragen, diese Hemmungen abzubauen, indem es die verschiedenen Aspekte und Vorteile einer erfolgreichen Gehaltsverhandlung aufzeigt.

Finanzielle Unabhängigkeit und Sicherheit

Ein höheres Gehalt bedeutet nicht nur mehr Einkommen im Hier und Jetzt, sondern auch eine größere finanzielle Unabhängigkeit und Sicherheit für die Zukunft. Ob es darum geht, Rücklagen für unvorhergesehene Ausgaben zu bilden, in die eigene Altersvorsorge zu investieren oder sich größere Anschaffungen leisten zu können – ein höheres Gehalt eröffnet zahlreiche Möglichkeiten, die eigene finanzielle Situation zu verbessern und langfristig abzusichern. Wer jetzt ein höheres Gehalt heraushandelt, erhöht auch die Basis für alle weiteren Gehaltserhöhungen und die Zahlungen in die Rentenversicherung. Damit erhöht sich auch die Rente. Man kann also gar nicht früh genug damit anfangen, nach einer Gehaltserhöhung zu fragen.

Psychologische und emotionale Aspekte

Neben den finanziellen Vorteilen spielt auch die psychologische Dimension eine wichtige Rolle. **Das erfolgreiche Aushandeln eines höheren Gehalts kann das Selbstbewusstsein und die Selbstwahrnehmung stärken.** Es signalisiert dem Verhandelnden, dass seine Arbeit und sein Beitrag zum Unternehmen wertgeschätzt werden. Diese Anerkennung kann zu einer höheren Arbeitszufriedenheit und Motivation führen, was sich wiederum positiv auf die gesamte Karriere auswirken kann.

Ziel 2: Vermittlung von Verhandlungsstrategien und -techniken

Ein weiteres zentrales Ziel dieses Buches ist es, den Lesern effektive Verhandlungsstrategien und -techniken zu vermitteln. Gehaltsverhandlungen erfordern nicht nur Mut und Entschlossenheit, sondern auch ein gewisses Maß an Taktik und Planung. Dieses Buch wird Schritt für Schritt die wichtigsten Strategien und Techniken erläutern, die in verschiedenen Verhandlungssituationen angewendet werden können.

Vorbereitung und Planung

Eine sorgfältige Vorbereitung ist das A und O jeder erfolgreichen Gehaltsverhandlung. Das Buch wird detailliert darauf eingehen, wie man sich optimal auf eine Verhandlung vorbereitet. Dazu gehört die Selbstanalyse, um den eigenen Marktwert zu ermitteln, sowie die Recherche und Sammlung relevanter Informationen über das Unternehmen und die Branche. Ein gut durchdachter Verhandlungsleitfaden hilft dabei, die eigenen Argumente klar und überzeugend zu präsentieren.

Kommunikation und Verhandlungstaktiken

Ein weiterer Schwerpunkt liegt auf den praktischen Verhandlungstaktiken und der Kommunikationsstrategie. Wie tritt man selbstbewusst und kompetent auf? Wie geht man mit Einwänden und Gegenargumenten um? Welche Rolle spielen Körpersprache und nonverbale Signale? Das Buch wird konkrete Tipps und Beispiele liefern, wie man in der Verhandlungssituation geschickt und erfolgreich agiert.

Ziel 3: Erhöhung der Verhandlungskompetenz

Die Fähigkeit, erfolgreich zu verhandeln, ist nicht nur im Kontext der Gehaltsverhandlungen von Bedeutung, sondern eine grundlegende berufliche Kompetenz, die in vielen Bereichen des Arbeitslebens von Vorteil ist. Dieses Buch hat das Ziel, die allgemeine Verhandlungskompetenz der Leser zu erhöhen, indem es praxisnahe und nachvollziehbare Tipps und Übungen anbietet.

Selbstreflexion und Feedback

Ein weiterer wichtiger Aspekt der Verhandlungskompetenz ist die Fähigkeit zur Selbstreflexion und die Bereitschaft, aus eigenen Fehlern zu lernen. Das Buch wird Methoden und Techniken vorstellen, wie man das eigene Verhandlungsverhalten analysieren und verbessern kann. Dazu gehört auch der Umgang mit Rückschlägen und die Frage, wie man aus einer abgelehnten Gehaltsforderung gestärkt hervorgehen kann.

Ziel 4: Förderung der beruflichen Entwicklung und Karriereplanung

Ein erfolgreicher Umgang mit Gehaltsverhandlungen kann einen erheblichen Einfluss auf die berufliche Entwicklung und Karriereplanung haben. Dieses Buch zielt darauf ab, den Lesern zu zeigen, wie sie Gehaltsverhandlungen gezielt einsetzen können, um ihre beruflichen Ziele zu erreichen und ihre Karriere voranzutreiben.

Karrierechancen und Aufstiegsmöglichkeiten

Ein höheres Gehalt ist oft nicht nur eine finanzielle Anerkennung, sondern auch ein Indikator für Karrierechancen und Aufstiegsmöglichkeiten innerhalb des Unternehmens. Das Buch wird darauf eingehen, wie erfolgreiche Gehaltsverhandlungen genutzt werden können, um sich für höhere Positionen zu empfehlen und die eigene Karriere strategisch zu planen.

Weiterbildungs- und Entwicklungsmöglichkeiten

Mit einem höheren Gehalt steigen auch die Möglichkeiten, in die eigene berufliche Weiterbildung zu investieren. Ob zusätzliche Qualifikationen, Zertifizierungen oder Fortbildungen – das Buch wird aufzeigen, wie wichtig es ist, kontinuierlich in die eigene Weiterentwicklung zu investieren und wie man dies erfolgreich verhandelt.

Ziel 5: Schaffung einer Verhandlungskultur

Ein langfristiges Ziel dieses Buches ist es, eine positive Verhandlungskultur zu fördern. **Gehaltsverhandlungen sollten nicht als unangenehme Pflichtübung, sondern als normaler und wichtiger Bestandteil des Arbeitslebens angesehen werden.** Dieses Buch möchte dazu beitragen, eine Kultur zu schaffen, in der offene und faire Verhandlungen sowohl von Arbeitgebern als auch von Arbeitnehmern geschätzt und gefördert werden. Sie leisten eine vernünftige Arbeit und haben daher auch den Anspruch, vernünftig bezahlt zu werden.

Fairness und Transparenz

Ein zentraler Aspekt einer positiven Verhandlungskultur ist die Fairness und Transparenz in den Verhandlungen. Das Buch wird betonen, wie wichtig es ist, offen und ehrlich über Gehaltsvorstellungen und -forderungen zu kommunizieren und wie Unternehmen davon profitieren können, wenn sie eine transparente und faire Vergütungspolitik betreiben.

Förderung der Gleichberechtigung

Ein weiterer wichtiger Punkt ist die Förderung der Gleichberechtigung in Gehaltsverhandlungen. Das Buch wird aufzeigen, wie wichtig es ist, dass alle Mitarbeiter, unabhängig von Geschlecht, Herkunft oder anderen Merkmalen, gleiche Chancen in Verhandlungen haben. Durch die Vermittlung von Verhandlungsstrategien und -techniken soll das Buch dazu beitragen, bestehende Ungleichheiten abzubauen und eine gerechtere Arbeitswelt zu schaffen.

2.0 Die Grundlagen der Gehaltsverhandlung

2.1 Was ist eine Gehaltsverhandlung?

Gehaltsverhandlungen sind ein zentraler Bestandteil des Berufslebens und beeinflussen nicht nur das Einkommen, sondern auch die Karriereentwicklung und die berufliche Zufriedenheit. Doch was genau verbirgt sich hinter dem Begriff "Gehaltsverhandlung"? In diesem Kapitel werden wir die Grundlagen von Gehaltsverhandlungen erläutern, ihre Bedeutung und Vorteile aufzeigen und praktische Tipps für die Vorbereitung und Durchführung erfolgreicher Verhandlungen geben.

Definition einer Gehaltsverhandlung

Eine Gehaltsverhandlung ist ein strukturiertes Gespräch zwischen einem Mitarbeiter und einem Arbeitgeber, bei dem das Gehalt des Mitarbeiters neu verhandelt wird. Ziel der Verhandlung ist es, eine Einigung über die Vergütung zu erzielen, die sowohl den Erwartungen des Mitarbeiters als auch den Möglichkeiten des Arbeitgebers gerecht wird. Gehaltsverhandlungen können aus verschiedenen Anlässen stattfinden, zum Beispiel bei einer Neueinstellung, einer Beförderung oder im Rahmen eines regelmäßigen Leistungs- oder Gehaltsgesprächs.

Bedeutung von Gehaltsverhandlungen

Gehaltsverhandlungen haben eine weitreichende Bedeutung für beide Seiten – den Mitarbeiter und den Arbeitgeber. Für den Mitarbeiter geht es dabei um die Anerkennung seiner Leistungen und Fähigkeiten sowie um die Sicherung einer angemessenen und fairen Vergütung. Für den Arbeitgeber steht die Motivation und Bindung des Mitarbeiters im Vordergrund, ebenso wie die Förderung einer positiven Arbeitsatmosphäre.

Anerkennung und Wertschätzung

Eine erfolgreiche Gehaltsverhandlung ist für den Mitarbeiter ein Zeichen der Anerkennung und Wertschätzung seiner Arbeit. Durch eine angemessene Vergütung werden die erbrachten Leistungen honoriert und das Engagement des Mitarbeiters gewürdigt. Dies trägt maßgeblich zur Zufriedenheit und Motivation bei.

Finanzielle Sicherheit und Lebensqualität

Ein höheres Gehalt bietet dem Mitarbeiter finanzielle Sicherheit und verbessert die Lebensqualität. Es ermöglicht nicht nur die Deckung der täglichen Ausgaben, sondern auch Investitionen in die Zukunft, wie zum Beispiel in die Altersvorsorge oder in die Weiterbildung.

Mitarbeiterbindung und Motivation

Für den Arbeitgeber sind Gehaltsverhandlungen ein wichtiges Instrument zur Mitarbeiterbindung und Motivation. Durch faire und transparente Vergütungsstrukturen können Unternehmen ihre Mitarbeiter langfristig binden und ihre Leistungsbereitschaft fördern.

Der Ablauf einer Gehaltsverhandlung

Gehaltsverhandlungen folgen in der Regel einem strukturierten Ablauf, der aus mehreren Phasen besteht. Eine sorgfältige Vorbereitung und ein klares Verständnis des Verhandlungsprozesses sind entscheidend für den Erfolg.

Vorbereitung

Die Vorbereitung ist das Fundament einer erfolgreichen Gehaltsverhandlung. Dazu gehört die Selbstanalyse, bei der der Mitarbeiter seine eigenen Leistungen und Fähigkeiten bewertet und seinen Marktwert ermittelt. Auch die Recherche über die Gehaltsstrukturen im Unternehmen und in der Branche ist ein wichtiger Bestandteil der Vorbereitung.

Selbstanalyse und Marktwert

In der Selbstanalyse sollten Mitarbeiter ihre Erfolge und Leistungen der letzten Jahre reflektieren und dokumentieren. Dazu gehören abgeschlossene Projekte, erreichte Ziele und besondere Herausforderungen, die gemeistert wurden. Darüber hinaus ist es wichtig, den eigenen Marktwert zu kennen. Dies kann durch Gehaltsvergleiche und Marktstudien erfolgen.

Informationsbeschaffung und Strategieentwicklung

Eine gründliche Recherche über die Gehaltsstrukturen im Unternehmen und in der Branche hilft dabei, realistische und angemessene

Gehaltsforderungen zu formulieren. Auch die Entwicklung einer Verhandlungsstrategie ist ein wichtiger Teil der Vorbereitung. Hierbei sollten mögliche Einwände und Gegenargumente des Arbeitgebers antizipiert und entsprechende Argumente vorbereitet werden.

Gesprächsführung

Die Gesprächsführung während der Gehaltsverhandlung ist entscheidend für den Ausgang des Gesprächs. Ein selbstbewusstes Auftreten, eine klare Argumentation und eine positive Gesprächsatmosphäre sind dabei von großer Bedeutung.

Selbstbewusstes Auftreten

Ein selbstbewusstes Auftreten signalisiert dem Arbeitgeber, dass der Mitarbeiter von seinen Leistungen überzeugt ist und eine angemessene Vergütung erwartet. Dazu gehören eine aufrechte Körperhaltung, Blickkontakt und eine klare und deutliche Aussprache.

Argumentation und Verhandlungstechniken

Eine klare und überzeugende Argumentation ist der Schlüssel zum Erfolg. Der Mitarbeiter sollte seine Gehaltsforderungen mit konkreten Beispielen und Fakten untermauern. Auch Verhandlungstechniken wie das Setzen von Prioritäten und das Anbieten von Kompromissen können hilfreich sein.

Umgang mit Einwänden und Gegenargumenten

Im Verlauf der Verhandlung kann es zu Einwänden und Gegenargumenten seitens des Arbeitgebers kommen. Diese sollten ruhig und sachlich entkräftet werden. Auch hier ist eine gute Vorbereitung entscheidend.

Abschluss der Verhandlung

Der Abschluss der Verhandlung beinhaltet die Zusammenfassung der Ergebnisse und die Dokumentation der vereinbarten Punkte. Eine schriftliche Bestätigung der neuen Gehaltsregelung schafft Klarheit und verhindert Missverständnisse.

Praktische Tipps für erfolgreiche Gehaltsverhandlungen

Erfolgreiche Gehaltsverhandlungen erfordern nicht nur eine gute Vorbereitung und eine klare Argumentation, sondern auch ein gewisses Maß an Geschick und Einfühlungsvermögen. Hier sind einige praktische Tipps, die Ihnen helfen können, Ihre Gehaltsverhandlungen erfolgreich zu gestalten.

Realistische Ziele setzen

Setzen Sie realistische Ziele und Erwartungen für Ihre Gehaltsverhandlung. Überzogene Forderungen können kontraproduktiv sein und zu einer Ablehnung führen. Informieren Sie sich über die durchschnittlichen Gehälter in Ihrer Branche und Ihrem Unternehmen, um eine realistische Gehaltsforderung zu formulieren.

Positive Einstellung und Selbstbewusstsein

Gehen Sie mit einer positiven Einstellung und selbstbewusst in die Verhandlung. Glauben Sie an Ihre Fähigkeiten und Leistungen und zeigen Sie dies auch. Eine positive Einstellung wirkt sich auch auf die Gesprächsatmosphäre aus und kann den Ausgang der Verhandlung positiv beeinflussen.

Klare und überzeugende Argumente

Bereiten Sie klare und überzeugende Argumente vor, die Ihre Gehaltsforderung untermauern. Nutzen Sie **konkrete Beispiele** und Fakten, um Ihre Leistungen und Erfolge zu verdeutlichen. Auch die Nennung von Marktvergleichen und Branchenstandards kann Ihre Argumentation stärken.

Flexibilität und Kompromissbereitschaft

Zeigen Sie Flexibilität und Kompromissbereitschaft. Überlegen Sie sich im Vorfeld, welche Alternativen und Kompromisse für Sie akzeptabel wären. Dies kann zum Beispiel eine Gehaltserhöhung in Verbindung mit zusätzlichen Urlaubstagen oder anderen Zusatzleistungen sein.

Selbstreflexion und Lernen aus Erfahrungen
Reflektieren Sie nach der Verhandlung Ihr Verhalten und Ihre Argumentation. Was ist gut gelaufen? Wo gibt es Verbesserungspotenzial? Lernen Sie aus Ihren Erfahrungen und nutzen Sie dieses Wissen für zukünftige Verhandlungen.

2.2 Psychologische Aspekte der Gehaltsverhandlung

Gehaltsverhandlungen sind oft mit einer Vielzahl von Emotionen und psychologischen Faktoren verbunden, die den Verlauf und den Ausgang der Gespräche beeinflussen können. Dieser Aspekt wird häufig unterschätzt, obwohl er eine entscheidende Rolle spielt. In diesem Kapitel beleuchten wir die verschiedenen psychologischen Dimensionen von Gehaltsverhandlungen, von der Vorbereitung bis zum Abschluss des Gesprächs, und bieten praktische Tipps, wie man diese Aspekte zu seinem Vorteil nutzen kann.

Selbstbewusstsein und Selbstwertgefühl

Die Bedeutung von Selbstbewusstsein

Selbstbewusstsein ist eine der wichtigsten Voraussetzungen für eine erfolgreiche Gehaltsverhandlung. Ein selbstbewusster Verhandlungsführer strahlt Überzeugungskraft und Sicherheit aus, was sich positiv auf die Wahrnehmung des Gesprächspartners auswirkt. Selbstbewusstsein entsteht aus dem Wissen um die eigenen Fähigkeiten, Leistungen und den eigenen Wert.

Tipps zur Steigerung des Selbstbewusstseins:

1. **Vorbereitung:** Je besser man vorbereitet ist, desto sicherer fühlt man sich in der Verhandlung. Dazu gehört

das Sammeln von Beweisen für die eigenen Leistungen und das Üben von Verhandlungsszenarien.

2. **Selbstreflexion:** Regelmäßige Selbstreflexion hilft, sich der eigenen Stärken und Erfolge bewusst zu werden.

3. **Körpersprache:** Eine *aufrechte Haltung, Blickkontakt* und eine *feste Stimme* signalisieren Selbstbewusstsein, auch wenn man sich innerlich unsicher fühlt.

Das Selbstwertgefühl stärken

Ein gesundes Selbstwertgefühl ist eng mit dem Selbstbewusstsein verbunden. Es basiert auf der Überzeugung, dass man wertvoll und kompetent ist. Ein niedriges Selbstwertgefühl kann dazu führen, dass man sich unter Wert verkauft und sich nicht traut, höhere Gehaltsforderungen zu stellen.

Strategien zur Stärkung des Selbstwertgefühls:

1. **Positive Selbstgespräche:** Ersetzen Sie negative Gedanken durch positive Affirmationen und ermutigende Selbstgespräche.

2. **Erfolge feiern:** Nehmen Sie sich Zeit, um Ihre Erfolge und Fortschritte zu würdigen.

3. **Unterstützung suchen:** Sprechen Sie mit Freunden, Familie oder Mentoren über Ihre Stärken und lassen Sie sich ermutigen.

Die Rolle der Emotionen

Umgang mit Stress und Angst

Gehaltsverhandlungen können stressig und angsteinflößend sein, insbesondere wenn man das Gefühl hat, dass viel auf dem Spiel steht. Stress und Angst können die Fähigkeit, klar zu denken und überzeugend zu argumentieren, beeinträchtigen.

Strategien zur Stressbewältigung:

1. **Entspannungstechniken:** Atemübungen, Meditation und Progressive Muskelentspannung können helfen, den Stresspegel zu senken.

2. **Vorbereitung:** Eine gründliche Vorbereitung kann Unsicherheiten reduzieren und das Selbstvertrauen stärken.

3. **Gedanken lenken:** Konzentrieren Sie sich auf positive Gedanken und visualisieren Sie den erfolgreichen Verlauf der Verhandlung.

Emotionale Intelligenz

Emotionale Intelligenz ist die Fähigkeit, die eigenen Gefühle und die Gefühle anderer zu erkennen, zu verstehen und zu steuern. In Gehaltsverhandlungen kann emotionale Intelligenz helfen, die Stimmung des Gesprächspartners zu erkennen und angemessen darauf zu reagieren.

Komponenten der emotionalen Intelligenz:

1. **Selbstwahrnehmung:** Seien Sie sich Ihrer eigenen Emotionen bewusst und verstehen Sie, wie sie Ihre Gedanken und Handlungen beeinflussen.

2. **Selbstregulierung:** Lernen Sie, Ihre Emotionen zu kontrollieren und impulsives Verhalten zu vermeiden.

3. **Empathie:** Versetzen Sie sich in die Lage Ihres Gesprächspartners und versuchen Sie, seine Perspektive zu verstehen.

4. **Soziale Fähigkeiten:** Entwickeln Sie starke zwischenmenschliche Beziehungen und nutzen Sie diese Fähigkeiten, um konstruktive Gespräche zu führen.

5.

Die Psychologie des Verhandelns

Verhandlungsstrategien und Taktiken

Verhandlungsstrategien und Taktiken sind entscheidend für den Erfolg einer Gehaltsverhandlung. Die Wahl der richtigen Strategie hängt von verschiedenen Faktoren ab, einschließlich der Beziehung zum Arbeitgeber, der Unternehmenskultur und der individuellen Verhandlungssituation.

Häufige Verhandlungsstrategien:

1. **Kooperative Strategie:** Zielt darauf ab, eine Win-Win-Situation zu schaffen, bei der beide Seiten profitieren.

2. **Kompetitive Strategie:** Zielt darauf ab, das bestmögliche Ergebnis für sich selbst zu erzielen, auch wenn dies auf Kosten des Gesprächspartners geht.

3. **Integrative Verhandlungsführung:** Kombiniert Elemente der kooperativen und kompetitiven Strategien und sucht nach kreativen Lösungen, die den Bedürfnissen beider Seiten gerecht werden.

Taktiken zur Steigerung der Verhandlungsstärke

Es gibt verschiedene Taktiken, die helfen können, die eigene Verhandlungsposition zu stärken. Diese Taktiken können je nach Situation und Gesprächspartner variieren.

Beispiele für Verhandlungstaktiken:

1. **Ankern:** Setzen Sie frühzeitig eine hohe Forderung, um den Rahmen der Verhandlung festzulegen.

2. **Konsequente Argumentation:** Bleiben Sie bei Ihren Forderungen standhaft und untermauern Sie Ihre Argumente mit Fakten und Beispielen.

3. **Alternative Optionen:** Präsentieren Sie alternative Lösungen oder Kompromisse, die Ihre Position stärken können.

4. **Schweigen:** Nutzen Sie bewusstes Schweigen, um Druck aufzubauen und dem Gesprächspartner Zeit zum Nachdenken zu geben.

Psychologische Tricks und Fallstricke

Psychologische Tricks

In Gehaltsverhandlungen werden oft verschiedene psychologische Tricks angewendet, um das Gegenüber zu beeinflussen. Es ist wichtig, diese Tricks zu erkennen und zu wissen, wie man darauf reagiert.

Beispiele für psychologische Tricks:

1. **Foot-in-the-Door-Technik:** Der Verhandler beginnt mit einer kleinen, leicht zu erfüllenden Forderung und steigert diese dann schrittweise.

2. **Door-in-the-Face-Technik:** Der Verhandler startet mit einer überzogenen Forderung, die wahrscheinlich abgelehnt wird, und folgt dann mit einer moderateren Forderung.

3. **Reziprozität:** Der Verhandler bietet etwas an (zum Beispiel eine Konzession), um das Gefühl der Verpflichtung beim Gegenüber zu erzeugen.

Fallstricke und wie man sie vermeidet

Es gibt auch verschiedene Fallstricke, in die man während einer Gehaltsverhandlung tappen kann. Diese können den Verlauf der

Verhandlung negativ beeinflussen und zu suboptimalen Ergebnissen führen.

Häufige Fallstricke:

1. **Überhöhte Erwartungen:** Unrealistische Gehaltsforderungen können zu früher Ablehnung und Frustration führen.

2. **Mangelnde Vorbereitung:** Unzureichende Vorbereitung kann dazu führen, dass man sich unsicher fühlt und schwache Argumente vorbringt.

3. **Emotionale Reaktionen:** Wut, Frustration oder Angst können die Verhandlung negativ beeinflussen und zu unüberlegten Entscheidungen führen.

4. **Einseitige Fokussierung:** Sich nur auf das Gehalt zu konzentrieren und andere wichtige Faktoren wie Zusatzleistungen oder Arbeitsbedingungen zu vernachlässigen.

Strategien zur Vermeidung von Fallstricken:

1. **Realistische Ziele setzen:** Setzen Sie sich erreichbare (operationale) und gut begründete Gehaltsziele.

2. **Gründliche Vorbereitung:** Bereiten Sie sich umfassend auf die Verhandlung vor, indem Sie Informationen sammeln und Ihre Argumente strukturieren. Informationen zu tatsächlicher Vergütung beim Wettbewerb oder bei Kollegen gehören zum Standard, um in solche Situationen zu gehen.

3. **Emotionen kontrollieren:** Lernen Sie, Ihre Emotionen zu erkennen und zu steuern, um in der Verhandlung ruhig und sachlich zu bleiben.

4. **Ganzheitliche Betrachtung:** Berücksichtigen Sie alle Aspekte der Vergütung, einschließlich Zusatzleistungen und berufliche Entwicklungsmöglichkeiten.

Abschluss und Nachbereitung

Den Verhandlungserfolg sichern

Nach einer erfolgreichen Gehaltsverhandlung ist es wichtig, den erzielten Erfolg zu sichern. Dazu gehört die schriftliche Bestätigung der vereinbarten Punkte und die Klärung offener Fragen.

Schritte zur Sicherung des Verhandlungserfolgs:

1. **Schriftliche Bestätigung:** Fordern Sie eine schriftliche Bestätigung der neuen Gehaltsvereinbarung und anderer besprochener Punkte.

2. **Offene Fragen klären:** Klären Sie alle offenen Fragen und Unklarheiten, um Missverständnisse zu vermeiden.

3. **Nachverfolgung:** Überprüfen Sie regelmäßig, ob die vereinbarten Bedingungen eingehalten werden, und kommunizieren Sie gegebenenfalls mit Ihrem Arbeitgeber.

Reflexion und Lernen

Nach der Verhandlung ist es sinnvoll, das Gespräch zu reflektieren und aus den gemachten Erfahrungen zu lernen. Dies hilft, die eigenen Verhandlungsfähigkeiten kontinuierlich zu verbessern.

Reflexionsfragen:

1. **Was lief gut?** Analysieren Sie die positiven Aspekte der Verhandlung und überlegen Sie, was dazu beigetragen hat.

2. **Was könnte verbessert werden?** Identifizieren Sie Bereiche, in denen es Verbesserungspotenzial gibt, und überlegen Sie, wie Sie diese in Zukunft anders angehen können.

3. **Welche Emotionen waren im Spiel?**

Vernachlässigen Sie die Nachbereitung nicht. Schreiben Sie sich auf, was gut und was schlecht lief. So sorgen Sie dafür, dass die nächste Gehaltsverhandlung noch besser läuft.

2.3 Häufige Fehler bei Gehaltsverhandlungen und wie man sie vermeidet

Der Kardinalfehler, den die meisten Angestellten machen, ist der, dass mit den hohen Lebenshaltungskosten argumentiert wird, z.b. „Einkaufen ist so teuer geworden" oder „Sie wissen doch selbst, wie hoch die Mieten hier in der Stadt sind". Für den Arbeitgeber sind das KEINE Argumente. Die meisten Arbeitgeber bekommt man nicht mit der Mitleidstour, sondern dadurch, dass man sie von der persönlichen Leistung überzeugt. Man muss also aufzählen, was man alles positives für das Unternehmen leistet, wo man sich positiv von anderen abhebt. Bestimmte, gut gelaufene Projekte nennen und auf niedrigen Krankenstand und hohe Einspringbereitschaft bei Erkrankung von Kollegen verweisen. Die Erhöhung der Butterpreise im Supermarkt hat noch keinen Arbeitgeber zu einer Gehaltserhöhung verleitet.

Nachfolgend die überdies bestehenden Top 10 der Fehler bei Gehaltsverhandlungen:

Gehaltsverhandlungen sind eine Herausforderung, die viele Angestellte nervös macht. Doch wer die häufigsten Fehler kennt und sie geschickt umgeht, hat gute Chancen auf eine erfolgreiche Verhandlung. In diesem Kapitel werden die zehn häufigsten Fehler bei Gehaltsverhandlungen vorgestellt und praktische Tipps gegeben, wie man sie als Angestellter vermeiden kann.

Fehler 1: Unzureichende Vorbereitung

Warum es ein Fehler ist: Eine unzureichende Vorbereitung ist einer der gravierendsten Fehler, den man bei einer Gehaltsverhandlung machen kann. Ohne fundierte Kenntnisse über den eigenen Marktwert, die Gehaltsstrukturen im Unternehmen und die allgemeinen Branchenstandards ist es schwierig, realistische und überzeugende Forderungen zu stellen.

Wie man es vermeidet:

- **Selbstanalyse:** Reflektieren Sie Ihre eigenen Leistungen und Erfolge. Sammeln Sie Belege für Ihre Erfolge, wie zum Beispiel Projekte, erreichte Ziele und erhaltene Auszeichnungen.

- **Marktrecherche:** Nutzen Sie Gehaltsvergleichsportale, Branchenstudien und Netzwerke, um sich über die Gehaltsstandards in Ihrer Branche und Region zu informieren. Hier können z.B. Kununu.com oder Gehaltsvergleich.com erste Indizien liefern. Besorgen Sie sich auf jeden Fall Gehaltabellen von Wettbewerbern oder Gewerkschaften.

- **Unternehmensanalyse:** Informieren Sie sich über die Gehaltsstrukturen und -philosophien in Ihrem

Unternehmen. Sprechen Sie eventuell mit Kollegen oder nutzen Sie interne Ressourcen.

Fehler 2: Unrealistische Gehaltsforderungen

Warum es ein Fehler ist: Unrealistische Gehaltsforderungen können den Verhandlungspartner abschrecken und die Verhandlungen von vornherein scheitern lassen. Überzogene Forderungen signalisieren, dass man sich nicht ausreichend mit den Gegebenheiten des Unternehmens und des Marktes auseinandergesetzt hat.

Wie man es vermeidet:

- **Realistische Erwartungen:** Setzen Sie sich erreichbare und gut begründete Gehaltsziele. Berücksichtigen Sie dabei Ihre Qualifikationen, Erfahrungen und den aktuellen Marktwert.

- **Argumente vorbereiten:** Untermauern Sie Ihre Gehaltsforderungen mit konkreten Beispielen und Fakten, die Ihre Leistungen und Ihren Wert für das Unternehmen belegen.

Fehler 3: Fehlende Flexibilität

Warum es ein Fehler ist: Eine starre Haltung in der Gehaltsverhandlung kann dazu führen, dass man wertvolle Verhandlungsoptionen und Kompromisse übersieht. Flexibilität und die Bereitschaft, alternative Lösungen zu finden, sind entscheidend für den Verhandlungserfolg.

Wie man es vermeidet:

- **Kompromissbereitschaft:** Überlegen Sie sich im Vorfeld, welche Alternativen und Kompromisse für Sie akzeptabel wären. Dazu können zum Beispiel zusätzliche

Urlaubstage, flexible Arbeitszeiten oder Weiterbildungsmöglichkeiten gehören.

- **Offenheit:** Signalisieren Sie Ihrem Verhandlungspartner, dass Sie bereit sind, verschiedene Optionen zu besprechen und gemeinsame Lösungen zu finden.

Fehler 4: Mangelnde Kommunikationsfähigkeiten

Warum es ein Fehler ist: Schwache Kommunikationsfähigkeiten können dazu führen, dass Ihre Argumente nicht überzeugend rüberkommen und Missverständnisse entstehen. Eine klare und überzeugende Kommunikation ist essenziell für eine erfolgreiche Gehaltsverhandlung.

Wie man es vermeidet:

- **Körpersprache:** Achten Sie auf eine offene und selbstbewusste Körpersprache. Halten Sie Blickkontakt, setzen Sie Gesten bewusst ein und vermeiden Sie nervöse Bewegungen.

- **Klare Argumentation:** Strukturieren Sie Ihre Argumente logisch und verständlich. Bereiten Sie sich darauf vor, Ihre Gehaltsforderung in wenigen klaren Sätzen zu präsentieren.

- **Aktives Zuhören:** Hören Sie Ihrem Verhandlungspartner aufmerksam zu und gehen Sie auf seine Punkte ein. Das zeigt Respekt und Verständnis und kann das Verhandlungsklima positiv beeinflussen.

Fehler 5: Zu schnelles Nachgeben

Warum es ein Fehler ist: Zu schnelles Nachgeben kann den Eindruck erwecken, dass Ihre ursprüngliche Forderung nicht ernst gemeint war oder dass Sie unsicher sind. Das kann Ihre

Verhandlungsposition schwächen und zu einem schlechteren Ergebnis führen.

Wie man es vermeidet:

- **Geduld:** Bleiben Sie geduldig und lassen Sie sich nicht zu schnellen Zugeständnissen drängen. Geben Sie Ihrem Verhandlungspartner Zeit, über Ihre Forderungen nachzudenken und zu reagieren.

- **Selbstbewusstsein:** Vertrauen Sie auf Ihre Argumente und bleiben Sie standhaft. Zeigen Sie, dass Sie bereit sind, über Ihre Forderungen zu verhandeln, aber nicht um jeden Preis nachgeben werden.

Fehler 6: Emotionale Reaktionen

Warum es ein Fehler ist: Emotionale Reaktionen wie Wut, Frustration oder Angst können die Verhandlung negativ beeinflussen und zu unüberlegten Entscheidungen führen. Eine sachliche und ruhige Gesprächsführung ist entscheidend für den Verhandlungserfolg.

Wie man es vermeidet:

- **Emotionen kontrollieren:** Erkennen Sie Ihre Emotionen und lernen Sie, sie zu steuern. Atemtechniken und kurze Pausen können helfen, sich zu beruhigen.

- **Sachliche Argumentation:** Konzentrieren Sie sich auf sachliche Argumente und vermeiden Sie emotionale Äußerungen. Bleiben Sie höflich und respektvoll, auch wenn die Verhandlung schwierig wird.

- **Vorbereitung auf schwierige Situationen:** Überlegen Sie sich im Vorfeld, wie Sie auf mögliche negative Reaktionen Ihres Verhandlungspartners reagieren werden, und bereiten Sie entsprechende Antworten vor.

Fehler 7: Fehlende Nachverfolgung

Warum es ein Fehler ist: Nach der Verhandlung kann es leicht passieren, dass Vereinbarungen nicht umgesetzt oder vergessen werden. Eine fehlende Nachverfolgung kann dazu führen, dass Ihre Gehaltsanpassung nicht wie vereinbart erfolgt.

Wie man es vermeidet:

- **Schriftliche Bestätigung:** Fordern Sie eine schriftliche Bestätigung der vereinbarten Punkte und speichern Sie diese sicher ab.

- **Erinnerungen setzen:** Setzen Sie sich Erinnerungen, um sicherzustellen, dass die vereinbarten Änderungen zeitnah umgesetzt werden.

- **Regelmäßige Überprüfung:** Überprüfen Sie regelmäßig, ob die neuen Gehaltsbedingungen eingehalten werden, und sprechen Sie bei Bedarf erneut mit Ihrem Arbeitgeber.

Fehler 8: Fokus nur auf das Gehalt

Warum es ein Fehler ist: Sich ausschließlich auf das Gehalt zu konzentrieren und andere wichtige Faktoren wie Zusatzleistungen oder Arbeitsbedingungen zu vernachlässigen, kann zu einem suboptimalen Verhandlungsergebnis führen.

Wie man es vermeidet:

- **Ganzheitlicher Ansatz:** Berücksichtigen Sie alle Aspekte Ihrer Vergütung, einschließlich Zusatzleistungen wie Boni, Urlaubstage, flexible Arbeitszeiten und Weiterbildungsmöglichkeiten.

- **Prioritäten setzen:** Legen Sie im Vorfeld fest, welche Faktoren für Sie am wichtigsten sind und welche Kompromisse Sie bereit sind einzugehen.

- **Gesamtpaket verhandeln:** Stellen Sie sicher, dass das Gesamtpaket Ihrer Vergütung Ihren Erwartungen entspricht, und verhandeln Sie gegebenenfalls auch über nicht-monetäre Vorteile.

Fehler 9: Sich von der ersten Ablehnung entmutigen lassen

Warum es ein Fehler ist: Eine erste Ablehnung Ihrer Gehaltsforderung bedeutet nicht zwangsläufig das Ende der Verhandlung. Sich entmutigen zu lassen und aufzugeben, kann dazu führen, dass Sie nicht das bestmögliche Ergebnis erzielen.

Wie man es vermeidet:

- **Hartnäckigkeit:** Bleiben Sie hartnäckig und lassen Sie sich von einer ersten Ablehnung nicht entmutigen. Überlegen Sie, welche Argumente oder Kompromisse Sie in die nächste Verhandlungsrunde einbringen können.

- **Feedback einholen:** Fragen Sie Ihren Verhandlungspartner nach den Gründen für die Ablehnung und überlegen Sie, wie Sie diese Bedenken entkräften können.

- **Weitere Verhandlungen einplanen:** Planen Sie gegebenenfalls weitere Verhandlungsrunden ein und bereiten Sie sich darauf vor, Ihre Forderungen erneut zu präsentieren.

Fehler 10: Die eigene Leistung nicht klar darlegen

Warum es ein Fehler ist: Wenn Sie Ihre eigenen Leistungen und Erfolge nicht klar darlegen, kann es schwierig sein, Ihren Wert für das Unternehmen zu verdeutlichen und eine angemessene Gehaltsanpassung zu rechtfertigen.

Wie man es vermeidet:

- **Leistungsnachweise:** Bereiten Sie unbedingt eine Liste Ihrer wichtigsten Erfolge und Leistungen vor. Nutzen Sie konkrete Beispiele und Zahlen, um Ihren Beitrag zum Unternehmenserfolg zu verdeutlichen.

- **Präsentation:** Präsentieren Sie Ihre Leistungen klar und strukturiert. Zeigen Sie auf, wie Ihre Arbeit das Unternehmen positiv beeinflusst hat und warum eine Gehaltserhöhung gerechtfertigt ist.

- **Selbstbewusste Darstellung:** Seien Sie stolz auf Ihre Erfolge und zeigen Sie dies auch in der Verhandlung. Eine selbstbewusste Darstellung Ihrer Leistungen kann die Überzeugungskraft Ihrer Argumente deutlich erhöhen.

3.0 Vorbereitung auf die Gehaltsverhandlung

Wenn die Gehaltsverhandlung erfolgreich sein soll, sollten Sie sich gründlich darauf vorbereiten. Lassen Sie sich nicht auf ein Hoppla-Hopp-Gespräch ein, auf dass Sie sich nicht vorbereiten können. Lädt Sie jemand überraschend zu einem sofortigen Gehaltsgespräch ein, so antworten Sie „Vielen Dank. Das ist wirklich nett. Gerne würde ich mich auch darauf vorbereiten, welcher Termin in der nächsten Woche passt Ihnen dafür?" oder ähnlich.

3.1 Selbstanalyse: Stärken und Marktwert ermitteln

Eine gründliche Selbstanalyse ist der erste und wichtigste Schritt in jeder Gehaltsverhandlung. Sie bildet die Grundlage für alle weiteren Verhandlungsschritte und hilft Ihnen, selbstbewusst und gut vorbereitet in das Gespräch zu gehen. In diesem Unterkapitel werden wir uns damit befassen, wie Sie Ihre Stärken und Ihren Marktwert ermitteln können. Dabei gehen wir auf verschiedene Methoden und Techniken ein, die Ihnen helfen, Ihre Fähigkeiten, Leistungen und Ihren Wert für das Unternehmen realistisch einzuschätzen.

Die Bedeutung der Selbstanalyse

Eine Selbstanalyse hat mehrere wichtige Funktionen in der Vorbereitung auf eine Gehaltsverhandlung:

- **Selbstbewusstsein stärken:** Ein klares Bild Ihrer Stärken und Erfolge gibt Ihnen das nötige Selbstbewusstsein, um Ihre Gehaltsforderungen überzeugend zu präsentieren.

- **Realistische Gehaltsforderungen formulieren:** Durch die Ermittlung Ihres Marktwerts können Sie realistische und gut begründete Gehaltsforderungen stellen.

- **Strategische Verhandlungsführung:** Eine fundierte Selbstanalyse hilft Ihnen, Ihre Argumente strategisch zu planen und auf die Bedürfnisse und Erwartungen Ihres Arbeitgebers einzugehen.

Schritt 1: Eigene Stärken erkennen

Erfolge und Leistungen dokumentieren

Beginnen Sie Ihre Selbstanalyse, indem Sie eine Liste Ihrer wichtigsten Erfolge und Leistungen erstellen. Dies kann Ihnen helfen, ein klares Bild Ihrer Fähigkeiten und Stärken zu bekommen. Fragen Sie sich:

- Welche Projekte habe ich erfolgreich abgeschlossen?

- Welche Ziele habe ich erreicht oder übertroffen?

- Welche besonderen Herausforderungen habe ich gemeistert?

- Wo steche ich ggü. aktuellen oder früheren Kollegen deutlich hervor?

Notieren Sie konkrete Beispiele und quantifizieren Sie Ihre Erfolge, wenn möglich. Zahlen und Fakten sind sehr hilfreich, um Ihre Leistungen greifbar zu machen.

Feedback einholen

Eine weitere wertvolle Quelle zur Erkennung Ihrer Stärken ist das Feedback von Kollegen, Vorgesetzten und anderen Personen, mit denen Sie regelmäßig zusammenarbeiten. Bitten Sie um konstruktives Feedback und fragen Sie gezielt nach Ihren Stärken und Verbesserungspotenzialen. Durch die

Außenperspektive erhalten Sie oft neue Einblicke in Ihre Fähigkeiten und Leistungen.

Beispielhafte Fragen für Feedback-Gespräche:

- Welche meiner Fähigkeiten schätzen Sie am meisten?
- In welchen Projekten oder Aufgaben habe ich besonders gut gearbeitet?
- Welche Eigenschaften oder Verhaltensweisen haben meiner Meinung nach zu meinem Erfolg beigetragen?

Selbstreflexion und SWOT-Analyse

Selbstreflexion ist ein wichtiger Bestandteil der Selbstanalyse. Eine Methode, die Ihnen dabei helfen kann, ist die SWOT-Analyse (Strengths, Weaknesses, Opportunities, Threats). Diese Technik stammt ursprünglich aus dem strategischen Management, lässt sich aber auch auf die persönliche Selbsteinschätzung anwenden.

Durchführung einer SWOT-Analyse:

1. **Stärken (Strengths):** Listen Sie alle Ihre positiven Eigenschaften und Fähigkeiten auf, die Sie in Ihrem beruflichen Umfeld einbringen.

2. **Schwächen (Weaknesses):** Identifizieren Sie Bereiche, in denen Sie Verbesserungspotenzial haben oder die Ihnen Schwierigkeiten bereiten.

3. **Chancen (Opportunities):** Überlegen Sie, welche Möglichkeiten und Chancen sich Ihnen bieten, um Ihre Karriere voranzutreiben.

4. **Bedrohungen (Threats):** Erkennen Sie potenzielle Risiken und Hindernisse, die Ihre berufliche Entwicklung beeinträchtigen könnten.

Schritt 2: Marktwert ermitteln

Gehaltsvergleiche und Benchmarking

Um Ihren Marktwert realistisch einschätzen zu können, ist es wichtig, sich über die Gehaltsstrukturen in Ihrer Branche und Ihrem Berufsfeld zu informieren. Nutzen Sie Gehaltsvergleichsportale und Branchenstudien, um herauszufinden, welche Gehälter für vergleichbare Positionen üblich sind.

Nützliche Gehaltsvergleichsportale:

- Gehaltsportale wie Glassdoor, Indeed oder StepStone bieten umfassende Informationen zu Gehältern in verschiedenen Branchen und Regionen.

- Berufliche Netzwerke wie LinkedIn können ebenfalls hilfreiche Informationen und Kontakte bieten, um Ihren Marktwert besser einzuschätzen.

- Kununu als Arbeitgeber-Bewertungsportal liefert auch Gehaltsangaben

Netzwerke und Kontakte nutzen

Berufliche Netzwerke und Kontakte sind wertvolle Ressourcen, um Informationen über Gehälter und Marktbedingungen zu sammeln. Sprechen Sie mit Kollegen, ehemaligen Kollegen oder Branchenexperten, um ein realistisches Bild von den Gehaltsstrukturen in Ihrem Berufsfeld zu bekommen.

Beispielhafte Fragen für Netzwerk-Gespräche:

- Wie sind die Gehälter in unserer Branche typischerweise strukturiert?

- Welche Faktoren beeinflussen die Gehaltshöhe in unserem Berufsfeld?

- Welche Gehaltserhöhungen sind bei vergleichbaren Positionen üblich?

Fachliteratur und Studien

Fachliteratur und Branchenstudien bieten ebenfalls wichtige Informationen über Gehaltsstrukturen und -entwicklungen. Nutzen Sie aktuelle Studien und Berichte, um Ihre Gehaltsforderungen fundiert zu begründen. Achten Sie dabei auf Quellen, die spezifische Daten und Analysen für Ihre Branche und Region liefern.

Schritt 3: Eigenen Wert für das Unternehmen kommunizieren

Erfolgsnachweise und Dokumentation

Eine klare und nachvollziehbare Dokumentation Ihrer Erfolge und Leistungen ist ein starkes Argument in Gehaltsverhandlungen. Erstellen Sie eine Übersicht über Ihre wichtigsten Projekte, erreichten Ziele und besondere Leistungen. Nutzen Sie dabei Zahlen und Fakten, um Ihre Erfolge greifbar zu machen.

Beispielhafte Erfolgsnachweise:

- Umsatzsteigerungen oder Kosteneinsparungen durch Ihre Arbeit

- Erfolgreiche Projektabschlüsse und deren Auswirkungen auf das Unternehmen

- Verbesserungen in der Effizienz oder Qualität durch Ihre Beiträge

Persönliche Stärken und Fähigkeiten hervorheben

In der Gehaltsverhandlung ist es wichtig, Ihre persönlichen Stärken und Fähigkeiten klar zu kommunizieren. Überlegen Sie, **welche Ihrer Eigenschaften besonders wertvoll für das Unternehmen sind** und wie Sie diese in Ihrer täglichen Arbeit einsetzen.

Beispiele für persönliche Stärken:

- Führungskompetenz und Teamarbeit

- Kreativität und Problemlösungsfähigkeiten

- Technische Expertise und Fachkenntnisse

- Anpassungsfähigkeit und Lernbereitschaft

3.2 Recherche: Informationen für ein Gehaltsgespräch sammeln

Ein erfolgreiches Gehaltsgespräch beginnt lange vor dem eigentlichen Gespräch mit Ihrem Arbeitgeber. **Der Schlüssel zum Erfolg liegt in der gründlichen Vorbereitung und Recherche.** In diesem Artikel werden wir detailliert beleuchten, welche Informationen Sie im Vorfeld sammeln sollten, wie Sie diese effektiv recherchieren und wie Sie die gesammelten Daten in Ihrer Gehaltsverhandlung strategisch einsetzen können.

1. Die Bedeutung der Vorbereitung

Warum Vorbereitung entscheidend ist

Eine sorgfältige Vorbereitung auf eine Gehaltsverhandlung ist essenziell, um Ihre Verhandlungsposition zu stärken. Durch fundierte Kenntnisse über die gängigen Gehälter in Ihrer Branche, Ihre eigenen Leistungen und den finanziellen Spielraum Ihres Unternehmens können Sie überzeugend argumentieren und Ihre Chancen auf eine Gehaltserhöhung erheblich steigern.

Vorteile der Recherche

- **Selbstbewusstsein:** Gut informiert zu sein, gibt Ihnen das nötige Selbstbewusstsein, um Ihre Forderungen klar und überzeugend darzulegen.

- **Überzeugende Argumente:** Mit konkreten Fakten und Zahlen können Sie Ihre Gehaltsforderung untermauern und Ihrem Arbeitgeber zeigen, dass Ihre Forderung gerechtfertigt ist.

- **Vermeidung von Fallstricken:** Durch eine gründliche Vorbereitung können Sie potenzielle Einwände und Gegenargumente des Arbeitgebers antizipieren und souverän darauf reagieren.

2. Informationsquellen und Methoden

Interne Informationsquellen

Beginnen Sie Ihre Recherche innerhalb Ihres Unternehmens. Hier finden Sie oft wertvolle Informationen, die Ihnen helfen, Ihre Gehaltsforderung zu stützen.

- **Interne Gehaltsstrukturen:** Wenn Ihr Unternehmen transparente Gehaltsstrukturen hat, verschaffen Sie sich einen Überblick über die Gehälter in Ihrer Position und in vergleichbaren Rollen.

- **Gespräche mit Kollegen:** Diskrete Gespräche mit vertrauenswürdigen Kollegen können Ihnen Einblicke in deren Gehälter und Verhandlungserfahrungen geben. Es ist weder verboten, andere Kollegen nach ihrem Gehalt zu fragen, noch ist es verboten, das eigene Gehalt an Kollegen zu „verraten". Das ist ein völlig legitimer Informationsaustausch in Wahrnehmung berechtigter Interessen, wie der Jurist sagen würde.

- **Personalabteilung:** Die Personalabteilung kann Ihnen möglicherweise Informationen über Gehaltsspannen und -richtlinien im Unternehmen geben.

- **Betriebsrat/Personalrat:** Hier können meist Spannen genannt werden, in denen sich Gehälter üblicherweise befinden oder es gibt sogar eine Tabelle. Nachfragen kostet nichts, wenn es einen Betriebsrat/Personalrat gibt.

Externe Informationsquellen

Neben internen Quellen sollten Sie auch externe Quellen nutzen, um sich ein umfassendes Bild von den Gehaltsstandards in Ihrer Branche zu machen.

- **Gehaltsportale und Online-Datenbanken:** Plattformen wie Glassdoor, Gehalt.de und Payscale bieten detaillierte Gehaltsinformationen für verschiedene Positionen und Branchen. Auch Kununu.com gibt Anhaltspunkte.

- **Berufsverbände und Gewerkschaften:** Berufsverbände und Gewerkschaften veröffentlichen häufig Gehaltsstudien und -berichte, die Ihnen wertvolle Informationen liefern können.

- **Stellenanzeigen:** Analysieren Sie Stellenanzeigen für ähnliche Positionen, um eine Vorstellung von den angebotenen Gehältern zu bekommen.

- **Netzwerke und Kontakte:** Nutzen Sie Ihr berufliches Netzwerk, um Informationen über Gehaltsstandards und Verhandlungserfahrungen in Ihrer Branche zu sammeln.

Wirtschaftliche Rahmenbedingungen

Die wirtschaftliche Situation Ihres Unternehmens und der Branche spielt eine wichtige Rolle in Gehaltsverhandlungen. Informieren Sie sich über die aktuellen wirtschaftlichen Rahmenbedingungen, um Ihre Forderungen realistisch und fundiert zu gestalten.

- **Unternehmensfinanzen:** Recherchieren Sie die finanzielle Lage Ihres Unternehmens. Geschäftsberichte, Jahresabschlüsse und Pressemitteilungen können Ihnen Einblicke in die wirtschaftliche Situation geben. Oft sind diese über Unternehmensregister.de einsichtig.

- **Branchentrends:** Informieren Sie sich über aktuelle Trends und Entwicklungen in Ihrer Branche. Wirtschaftsmagazine, Branchenberichte und Fachzeitschriften sind wertvolle Quellen.

- **Wirtschaftliche Gesamtsituation:** Berücksichtigen Sie die allgemeine wirtschaftliche Lage und ihre Auswirkungen auf Ihr Unternehmen und Ihre Branche.

Wenn bei der Gehaltsverhandlung der Chef mit „Sie wissen ja, wir befinden uns in einer schwierigen Situation..." anfängt, hilft oft ein Hinweis auf die letzte veröffentlichte Bilanz, bei der ein deutlicher Gewinn ausgewiesen worden ist oder auch die Bemerkung „Gerade in solchen Situationen ist es ja für das Unternehmen wichtig, mit erfahrenen Mitarbeitern am Markt zu agieren. Das will ich gerne weiter für Sie tun, bitte aber um Verständnis, wenn ich für eine gute Arbeit auch eine angemessene Bezahlung erwarte" o.ä.

3. Eigene Leistungen und Stärken analysieren

Selbstanalyse durchführen

Um Ihre Gehaltsforderung glaubwürdig zu untermauern, ist es wichtig, Ihre eigenen Leistungen und Stärken genau zu kennen und darzustellen.

- **Leistungserfolge dokumentieren:** Führen Sie eine Liste Ihrer wichtigsten Erfolge und Projekte, die Sie erfolgreich abgeschlossen haben. Konkrete Beispiele und Zahlen helfen, Ihre Argumente zu stärken.

- **Feedback und Beurteilungen:** Nutzen Sie Leistungsbeurteilungen, Feedback von Vorgesetzten und Kollegen sowie erhaltene Auszeichnungen als Belege für Ihre Leistungen. Gerne auch ein Zwischenzeugnis, wenn Sie eines haben und dieses positiv ist.

- **Selbstreflexion:** Reflektieren Sie regelmäßig Ihre Arbeit und identifizieren Sie Ihre Stärken und Entwicklungspotenziale.

Marktwert ermitteln

Neben der Selbstanalyse sollten Sie auch Ihren Marktwert ermitteln. Der Marktwert gibt an, wie viel andere Unternehmen bereit wären, für Ihre Fähigkeiten und Erfahrungen zu zahlen.

- **Gehaltsvergleiche nutzen:** Nutzen Sie Gehaltsportale und Online-Datenbanken, um den durchschnittlichen Marktwert für Ihre Position und Ihre Qualifikationen zu ermitteln.

- **Branchen- und Standortfaktoren berücksichtigen:** Berücksichtigen Sie branchenspezifische Gehaltsunterschiede und regionale Gehaltsunterschiede. In einigen Regionen und Branchen werden höhere Gehälter gezahlt als in anderen. Oft finden sich in der lokalen Presse Berichte über Tarifabschlüsse vergleichbarer Branchen oder Unternehmen. Einfach einmal in Google News nachschauen.

4. Mögliche Einwände und Gegenargumente antizipieren

Einwände des Arbeitgebers

Es ist wahrscheinlich, dass Ihr Arbeitgeber Einwände und Gegenargumente zu Ihrer Gehaltsforderung vorbringen wird. Bereiten Sie sich darauf vor, indem Sie mögliche Einwände antizipieren und entsprechende Antworten vorbereiten.

- **Budgetbeschränkungen:** Wenn Ihr Arbeitgeber auf Budgetbeschränkungen verweist, können Sie alternative Lösungen wie Boni, zusätzliche Urlaubstage oder flexible Arbeitszeiten vorschlagen. Oder Sie verweisen auf ausgeschiedene Mitarbeiter, deren Gehalt ja jetzt wegfällt.

- **Vergleich mit Kollegen:** Wenn Ihr Arbeitgeber den Gehaltsvergleich mit Kollegen heranzieht, können Sie Ihre besonderen Leistungen und Erfolge hervorheben, die Ihre Forderung rechtfertigen.

- **Wirtschaftliche Lage:** Wenn die wirtschaftliche Lage des Unternehmens als Gegenargument angeführt wird, können Sie auf Ihre langfristigen Beiträge zum Unternehmenserfolg und Ihre Bedeutung für zukünftige Projekte hinweisen. Gerade in wirtschaftlich schwierigen Zeiten ist es wichtig, auf erfahrene und einsatzwillige Mitarbeiter zurückzugreifen und nicht Zeit für die Einarbeitung neuer unerfahrener Mitarbeiter zu verschwenden, von denen man nicht weiß, ob sie bleiben oder dauerhaft für das Unternehmen nützlich ist.

Strategien zur Entkräftung von Gegenargumenten

Bereiten Sie sich darauf vor, Gegenargumente Ihres Arbeitgebers geschickt und souverän zu entkräften. Hier sind einige Strategien, die Ihnen dabei helfen können:

- **Faktenbasierte Argumentation:** Bleiben Sie bei den Fakten und nutzen Sie konkrete Beispiele und Zahlen, um Ihre Argumente zu untermauern.

- **Aktives Zuhören:** Hören Sie Ihrem Arbeitgeber aufmerksam zu und gehen Sie auf seine Punkte ein. Zeigen Sie Verständnis für seine Position und signalisieren Sie Ihre Bereitschaft, gemeinsam nach Lösungen zu suchen.

- **Kompromissbereitschaft:** Zeigen Sie Flexibilität und Kompromissbereitschaft. Überlegen Sie sich im Vorfeld, welche Alternativen für Sie akzeptabel sind, und bieten Sie diese aktiv an.

5. Praktische Tipps für die Recherche

Zeitmanagement

Eine gründliche Recherche erfordert Zeit und Planung. Setzen Sie sich klare Ziele und planen Sie ausreichend Zeit für die Informationsbeschaffung und Vorbereitung ein.

- **Rechercheplan erstellen:** Erstellen Sie einen detaillierten Rechercheplan und legen Sie fest, welche Informationen Sie sammeln möchten und welche Quellen Sie nutzen werden.

- **Prioritäten setzen:** Konzentrieren Sie sich auf die wichtigsten Informationen und priorisieren Sie Ihre Rechercheaktivitäten entsprechend.

- **Pausen einplanen:** Gönnen Sie sich regelmäßige Pausen, um Ihre Gedanken zu ordnen und neue Energie zu tanken.

Organisation der gesammelten Informationen

Eine gute Organisation der gesammelten Informationen ist entscheidend, um diese in der Verhandlung gezielt und strukturiert einsetzen zu können.

- **Dokumentation:** Dokumentieren Sie alle gesammelten Informationen und bewahren Sie diese übersichtlich und strukturiert auf. Nutzen Sie dafür digitale Tools oder klassische Ordnersysteme.

Bei der Gehaltsverhandlung sollten Sie dann Gehaltstabellen der Konkurrenz, von Gewerkschaften oder Arbeitgeberverbänden griffbereit haben. Ebenso wie Zeitungsartikel über das „gute Jahr" Ihres Unternehmens, falls der Chef auf die Tränendrücke drücken möchte, weil „alles so eng ist".

3.3 Argumentationsleitfaden für die Gehaltsverhandlung erstellen

Eine Gehaltsverhandlung kann für viele Arbeitnehmer eine Herausforderung darstellen. Mit einem **gut strukturierten Argumentationsleitfaden** können Sie jedoch selbstbewusst in das Gespräch gehen und Ihre Chancen auf eine erfolgreiche Gehaltserhöhung deutlich erhöhen. In diesem Artikel erfahren Sie, wie Sie einen solchen Leitfaden erstellen und welche Aspekte Sie dabei berücksichtigen sollten.

Warum ein Argumentationsleitfaden so wichtig ist

Ein Argumentationsleitfaden dient als Ihre persönliche Roadmap für die Gehaltsverhandlung. Er hilft Ihnen dabei:

- **Strukturiert zu denken:** Sie ordnen Ihre Gedanken und Argumente systematisch.

- **Selbstbewusst aufzutreten:** Sie wissen genau, was Sie sagen möchten, und können souverän argumentieren.

- **Überzeugend zu sein:** Sie präsentieren Ihre Leistungen und Ihren Wert für das Unternehmen klar und präzise.

- **Flexibel zu bleiben:** Sie können auf mögliche Einwände Ihres Gesprächspartners eingehen und Ihre Argumente anpassen.

Schritt für Schritt zum perfekten Argumentationsleitfaden

1. Selbstreflexion und Recherche

- **Ihre Leistungen:**

    o Welche konkreten Erfolge haben Sie in den letzten Monaten oder Jahren erzielt?

- o Welche Projekte haben Sie erfolgreich abgeschlossen?

- o Welche neuen Fähigkeiten haben Sie erworben?

- o Wie haben Sie zur Erreichung der Unternehmensziele beigetragen?

- **Ihr Marktwert:**

  - o Was verdienen vergleichbare Mitarbeiter in ähnlichen Positionen bei anderen Unternehmen oder in Ihrer Branche?

  - o Nutzen Sie Gehaltsrechner und Branchenberichte, um einen realistischen Vergleich zu ziehen.

- **Die Unternehmenslage:**

  - o Wie ist die finanzielle Situation des Unternehmens?

  - o Welche Ziele verfolgt das Unternehmen?

  - o Wie schätzt das Unternehmen Ihre Rolle ein?

2. Struktur Ihres Argumentationsleitfadens

Ein guter Argumentationsleitfaden folgt einer klaren Struktur. Hier ist ein möglicher Aufbau:

- **Einleitung:**

  - o Bedanken Sie sich für das Gespräch und betonen Sie Ihre Wertschätzung für die Zusammenarbeit.

- o Stellen Sie klar, dass Sie gerne über Ihre berufliche Entwicklung und Ihre zukünftige Rolle im Unternehmen sprechen möchten.

- **Ihre Leistungen:**

  - o Präsentieren Sie Ihre wichtigsten Erfolge und Erfolge der letzten Zeit.

  - o Verwenden Sie konkrete Zahlen und Beispiele, um Ihre Aussagen zu untermauern.

  - o Verweisen Sie auf positive Rückmeldungen von Kollegen und Vorgesetzten.

- **Ihr Wert für das Unternehmen:**

  - o Erklären Sie, wie Ihre Arbeit zum Erfolg des Unternehmens beiträgt.

  - o Heben Sie Ihre einzigartigen Fähigkeiten und Erfahrungen hervor.

  - o Zeigen Sie auf, wie Sie das Unternehmen weiterentwickeln können.

- **Ihr Wunsch nach einer Gehaltsanpassung:**

  - o Nennen Sie Ihren gewünschten Zielbetrag und begründen Sie diesen anhand Ihrer Recherche und Ihrer Leistungen.

  - o Betonen Sie, dass die geforderte Gehaltserhöhung angemessen und marktüblich ist.

- **Mögliche Einwände und Gegenargumente:**

  - o Antizipieren Sie mögliche Einwände Ihres Gesprächspartners.

- Bereiten Sie überzeugende Gegenargumente vor.

- **Zusammenfassung und Ausblick:**

  - Fassen Sie Ihre wichtigsten Argumente noch einmal zusammen.

  - Betonen Sie Ihre Loyalität zum Unternehmen und Ihre Bereitschaft, auch weiterhin einen wichtigen Beitrag zu leisten.

3. Formulierung Ihrer Argumente

- **Konkret und präzise:** Vermeiden Sie vage Formulierungen und verwenden Sie stattdessen konkrete Beispiele und Zahlen.

- **Positiv und selbstbewusst:** Formulieren Sie Ihre Aussagen positiv und betonen Sie Ihre Stärken.

- **Zielorientiert:** Verknüpfen Sie Ihre Leistungen immer mit den Zielen des Unternehmens.

- **Lösungsorientiert:** Gehen Sie auf mögliche Probleme ein und schlagen Sie Lösungen vor.

4. Vorbereitung auf mögliche Fragen

- **Warum möchten Sie eine Gehaltserhöhung?**

- **Was haben Sie in letzter Zeit erreicht?**

- **Welche Ziele haben Sie für die Zukunft?**

- **Was macht Sie für das Unternehmen so wertvoll?**

5. Übung macht den Meister

- **Probedurchlauf:** Üben Sie Ihre Präsentation vor einem Spiegel oder mit einem vertrauten Gesprächspartner.

- **Körpersprache:** Achten Sie auf eine offene und selbstbewusste Körpersprache.

- **Stimme:** Sprechen Sie klar und deutlich.

Zusätzliche Tipps für eine erfolgreiche Gehaltsverhandlung

- **Wählen Sie den richtigen Zeitpunkt:** Suchen Sie ein Gespräch, wenn Sie gerade einen großen Erfolg erzielt haben oder wenn das Unternehmen eine positive Phase durchläuft.

- **Bereiten Sie sich gründlich vor:** Je besser Sie vorbereitet sind, desto souveräner werden Sie auftreten.

- **Bleiben Sie ruhig und gelassen:** Auch wenn die Verhandlungen schwierig werden, lassen Sie sich nicht aus der Ruhe bringen.

- **Seien Sie flexibel:** Zeigen Sie sich verhandlungsbereit, aber geben Sie Ihren Kernforderungen nicht nach.

- **Bauen Sie eine Beziehung auf:** Betonen Sie Ihre Wertschätzung für das Unternehmen und Ihre Kollegen.

Ein gut vorbereiteter Argumentationsleitfaden ist Ihr Schlüssel zu einer erfolgreichen Gehaltsverhandlung. Indem Sie Ihre Leistungen, Ihren Wert für das Unternehmen und Ihre Ziele klar kommunizieren, können Sie Ihr Gehalt erhöhen und Ihre berufliche Zukunft gestalten.

4.0 Das Verhandlungsgespräch

Das eigentliche Verhandlungsgespräch ist der Kern der Gehaltsverhandlung. Häufig setzt man schon vorher Techniken ein, um sie zu demotivieren und Ihnen klarzumachen, dass Sie eigentlich nicht wichtig sind. Z.B. wird der Verhandlungstermin gerne einmal verschoben, oder man lässt sie trotz Terminvereinbarung warten. Das wird man manchmal gezielt eingesetzt, um Ihnen die Bittsteller-Position klarzumachen: Sie kleines Nichts wollen etwas vom Chef. Wenn Sie sich das vorher bewusst machen, können Sie darüber lächeln. Schließlich haben Sie den Chef oder Personaler durchschaut. Entweder ist er schlecht organisiert oder will sie mit solch billigen Mitteln demotivieren.

4.1 Der erste Eindruck: Körpersprache und Auftreten

Der erste Eindruck ist entscheidend – die Macht des ersten Eindrucks:

In der Psychologie ist der sogenannte Primacy-Effekt gut belegt: Die ersten Eindrücke, die wir von einer Person gewinnen, prägen unser Urteil über sie nachhaltig. Dieser Effekt ist besonders in dynamischen Situationen wie einem Gehaltsverhandlungsgespräch von Bedeutung. Denn in den ersten Sekunden entscheidet sich oft, ob der Gesprächspartner uns als kompetent, selbstbewusst und verhandlungsstark wahrnimmt oder eher als unsicher und unterwürfig.

Körpersprache – Die lautlose Sprache

- **Die Bedeutung der nonverbalen Kommunikation:** Während wir bewusst Worte wählen, um unsere Forderungen zu untermauern, sendet unser Körper unbewusst

Signale aus. Diese nonverbale Kommunikation ist oft aussagekräftiger als unsere verbalen Äußerungen.

- Offene und geschlossene Körperhaltung: Eine offene Körperhaltung, gekennzeichnet durch aufrechte Sitzposition, ungekreuzte Arme und Beine, signalisiert Selbstbewusstsein und Interesse. Im Gegensatz dazu wirken geschlossene Körperhaltungen defensiv und unsicher.

- Blickkontakt: *Augenkontakt ist ein wichtiger Ausdruck* von Interesse und Aufrichtigkeit. Ein fester, aber nicht starrer Blick vermittelt Selbstbewusstsein.

- Gestik: Gezielt eingesetzte Gesten können Ihre Worte unterstreichen. Achten Sie jedoch darauf, dass Ihre Gestik natürlich wirkt und nicht übertrieben ist.

- Mimik: Ihr Gesichtsausdruck verrät viel über Ihre Emotionen. Ein lächelndes Gesicht wirkt sympathisch und entspannt, während ein verkrampfter Ausdruck Unsicherheit signalisiert. Ein gewinnendes Lächeln hat schon manchen Chef zu einem „JA" bei der Gehaltsverhandlung bewegt.

- **Die Macht der Körpersprache in der Verhandlung:**

  - **Selbstbewusstsein ausstrahlen:** Eine aufrechte Körperhaltung und ein fester Blickkontakt vermitteln Selbstbewusstsein und stärken Ihre Verhandlungsposition.

- **Sympathie aufbauen:** Ein freundliches Lächeln und eine offene Körperhaltung fördern eine positive Gesprächsatmosphäre.

- **Aktives Zuhören signalisieren:** Nicken Sie gelegentlich und halten Sie Augenkontakt, um zu zeigen, dass Sie Ihrem Gesprächspartner aufmerksam zuhören.

- **Spannungen abbauen:** Wenn die Verhandlungen schwierig werden, können Sie durch entspannte Gesten und eine ruhige Stimme zur Deeskalation beitragen.

Das äußere Erscheinungsbild – Der erste Eindruck zählt

- **Kleidung:** Wählen Sie Ihre Kleidung bewusst aus. Sie sollte zum Anlass passen und Ihr Selbstbewusstsein stärken.

- **Pünktlichkeit:** *Kommen Sie pünktlich zum Gespräch.* Pünktlichkeit ist ein Zeichen von Respekt und Zuverlässigkeit.

- **Hygiene:** Achten Sie auf eine gepflegte Erscheinung.

Das richtige Auftreten – Souverän und zielorientiert

- **Vorbereitung ist der Schlüssel:**

  - **Recherchieren:** Informieren Sie sich gründlich über das Unternehmen, die Branche und die zu besetzende Position.

  - **Ziele definieren:** Formulieren Sie klare und realistische Ziele für die Gehaltsverhandlung.

- o **Argumente sammeln:** Bereiten Sie stichhaltige Argumente vor, die Ihre Gehaltsforderung stützen.

- **Selbstbewusstsein stärken:**

  - o **Positive Affirmationen:** Wiederholen Sie sich positive Affirmationen, um Ihr Selbstbewusstsein zu stärken.

  - o **Visualisierung:** _**Stellen Sie sich den erfolgreichen Abschluss der Verhandlung vor.**_

  - o **Atemübungen:** Entspannungstechniken wie Atemübungen können helfen, Nervosität abzubauen.

- **Aktiv zuhören und Fragen stellen:**

  - o **Aufmerksam sein:** Konzentrieren Sie sich auf die Aussagen Ihres Gesprächspartners.

  - o **Nachfragen:** Stellen Sie gezielte Fragen, um weitere Informationen zu erhalten.

- **Verhandlungstaktiken:**

  - o **Die Tür öffnen:** Beginnen Sie die Verhandlung mit einer positiven Aussage über die Zusammenarbeit.

  - o **Die Sandwich-Methode:** Beginnen und beenden Sie Ihre Aussagen mit positiven Aspekten.

  - o **Das Zitat:** Beziehen Sie sich auf Studien oder Expertenmeinungen, um Ihre Argumente zu untermauern.

Häufige Fehler und wie man sie vermeidet

- **Unsicherheit:** Zeigen Sie Selbstbewusstsein, auch wenn Sie nervös sind.

- **Unterwürfigkeit:** Lassen Sie sich nicht unter Druck setzen und verteidigen Sie Ihre Position.

- **Überheblichkeit:** Bleiben Sie höflich und respektvoll.

- **Verhandlungen persönlich nehmen:** Trennen Sie die Sache von der Person.

Körpersprache und Auftreten spielen in Gehaltsverhandlungen eine entscheidende Rolle. Durch eine bewusste Gestaltung Ihrer nonverbalen Kommunikation und ein souveränes Auftreten können Sie Ihren Verhandlungserfolg maßgeblich beeinflussen.

4.2 Gesprächstechniken und Taktiken in der Gehaltsverhandlung

Die Kunst des Verhandelns: Mehr als nur Zahlen

Eine Gehaltsverhandlung ist mehr als nur ein Zahlenpoker. Sie ist ein komplexes Zusammenspiel von Kommunikation, Psychologie und Strategie. In diesem Kapitel werden wir uns eingehend mit den Gesprächstechniken und Taktiken beschäftigen, die Ihnen helfen können, Ihre Ziele zu erreichen.

Die Vorbereitung ist der halbe Sieg

- **Ihre Ziele definieren:**

  o **Mindestziel:** Der absolute Untergrenze, unter die Sie keinesfalls gehen würden.

- o **Optimales Ziel:** Ihr Wunschziel, das Sie gerne erreichen möchten.

- o **Realistisches Ziel:** Ein Ziel, das Sie für erreichbar halten, basierend auf Ihrer Recherche und Ihren Fähigkeiten.

- **Ihre Stärken kennen:**

  - o **Erfolge:** Welche Erfolge haben Sie in der Vergangenheit erzielt?

  - o **Unique Selling Proposition (USP):** Was macht Sie einzigartig und unverzichtbar für das Unternehmen?

- **Informationen sammeln:**

  - o **Gehaltsbandbreite:** Informieren Sie sich über die übliche Gehaltsbandbreite für Ihre Position und Branche.

  - o **Unternehmenssituation:** Welche finanziellen Ziele verfolgt das Unternehmen?

  - o **Verhandlungspartner:** Wer ist Ihr Gegenüber und welche Interessen verfolgt er?

Die Gesprächsführung

- **Aktives Zuhören:**

  - o **Konzentrieren:** Schenken Sie Ihrem Gesprächspartner Ihre volle Aufmerksamkeit.

  - o **Nachfragen:** Stellen Sie offene Fragen, um tiefer in die Materie einzudringen.

- o **Zusammenfassen:** Fassen Sie regelmäßig zusammen, um sicherzustellen, dass Sie alles richtig verstanden haben.

- **Die richtige Gesprächsatmosphäre:**

  - o **Positiv und professionell:** Schaffen Sie eine angenehme und respektvolle Gesprächsatmosphäre.

  - o **Flexibilität signalisieren:** Zeigen Sie sich verhandlungsbereit, ohne Ihre Kernforderungen aufzugeben.

- **Die Kunst des Fragens:**

  - o **Offene Fragen:** Ermutigen Sie Ihren Gesprächspartner, ausführlich zu antworten (z.B. "Was sind die größten Herausforderungen in dieser Position?").

  - o **Geschlossene Fragen:** Bekommen Sie klare und präzise Antworten (z.B. "Ist es möglich, das Gehalt in diesem Bereich anzupassen?").

- **Die Macht der Pause:**

  - o **Zeit zum Nachdenken:** Nutzen Sie Pausen, um Ihre Gedanken zu ordnen und eine überlegte Antwort zu formulieren.

  - o **Druck aufbauen:** Eine längere Pause kann Ihren Gesprächspartner dazu bringen, das Gespräch wieder aufzunehmen.

Verhandlungstaktiken

- **Die Sandwich-Methode:**

- o **Positiv beginnen:** Beginnen Sie mit einer positiven Aussage über die Zusammenarbeit.

- o **Die Forderung:** Stellen Sie Ihre Gehaltsforderung klar und deutlich.

- o **Positiv beenden:** Beenden Sie mit einem positiven Ausblick auf die zukünftige Zusammenarbeit.

Die Sandwich-Methode hat sich in der Praxis als besonders erfolgreich herausgestellt. Loben Sie zwei, drei Dinge in der Firma, der Abteilung oder in der Zusammenarbeit mit dem Vorgesetzten, um dann die Forderung zu stellen. Anschließend stellen Sie etwas Positives in Aussicht. Dann ist Ihre Gehaltsforderung, die ansonsten etwas hart wirken könnte, in Positives eingebettet und erscheint als gangbarer Weg.

- **Das "So what?"-Prinzip:**

  - o **Argumente hinterfragen:** Stellen Sie sich die Frage, warum Ihre Forderungen für das Unternehmen wichtig sind.

  - o **Nutzen aufzeigen:** Erklären Sie den Mehrwert, den Sie dem Unternehmen bieten.

- **Die "Tür öffnen"-Technik:**

  - o **Gemeinsamkeiten finden:** Suchen Sie nach gemeinsamen Interessen, um eine Basis für die Verhandlungen zu schaffen.

- **Die "Zitronen-Taktik":**
  - **Erwartungen managen:** Senken Sie die Erwartungen Ihres Gegenübers, um später positiver überrascht zu werden.
- **Die "Wenn-dann"-Aussage:**
  - **Verhandlungsspielraum schaffen:** Bieten Sie Kompromisse an, die für Sie akzeptabel sind.

Häufige Fehler vermeiden

- **Zu schnell nachgeben:** Verteidigen Sie Ihre Position selbstbewusst.
- **Persönlich werden:** Bleiben Sie sachlich und konzentrieren Sie sich auf die Fakten.
- **Ultimaten stellen:** Zeigen Sie sich verhandlungsbereit.
- **Angst vor dem Schweigen haben:** Pausen können hilfreich sein, um Druck aufzubauen.

Eine erfolgreiche Gehaltsverhandlung erfordert eine sorgfältige Vorbereitung, eine gute Gesprächsführung und das Beherrschen verschiedener Verhandlungstaktiken. Indem Sie sich auf diese Aspekte konzentrieren und Ihre Stärken gezielt einsetzen, erhöhen Sie Ihre Chancen auf ein zufriedenstellendes Ergebnis.

4.3 Einwände und Gegenargumente bei Gehaltsverhandlungen erfolgreich meistern

In der Praxis hat sich herausgestellt, dass Personaler immer wieder dieselben Ausreden benutzen, um Gehälter nicht erhöhen zu müssen. Darauf sollten Sie vorbereitet sein und gleich mit einer Salve von Gegenargumenten oder Lösungsvorschlägen antworten. Natürlich, nachdem Sie Verständnis geäußert haben, z.b. mit „Das kann ich im Grunde natürlich nachvollziehen, aber..." oder „Das mag im Allgemeinen sicher gelten, aber in meinem Fall...."

Top 10 der Einwände von Arbeitgebern bei Gehaltsverhandlungen und wie Sie darauf reagieren

Gehaltsverhandlungen können für viele Arbeitnehmer eine Herausforderung darstellen. Arbeitgeber bringen häufig Einwände vor, um ihre Position zu stärken und die Gehaltserhöhung zu verzögern oder abzulehnen. Im Folgenden werden die häufigsten Einwände und mögliche Gegenstrategien vorgestellt.

Top 10 der Einwände von Arbeitgebern

1. **"Das Unternehmen hat zurzeit keine finanziellen Mittel."**

   o **Gegenstrategie:** Bitten Sie um konkrete Zahlen oder Beispiele, die diese Aussage stützen. Äußern Sie Verständnis, führen aber auch auf, dass das Unternehmen am meisten spart, wenn man allen Angestellten nichts mehr zahlt, aber dann wird auch keine Gegenleistung mehr gebracht. Gerade in schwierigen Zeiten für das

Unternehmen ist es wichtig, gute Mitarbeiter zu haben und zu halten, die einen nachhaltigen Nutzen für das Unternehmen bringen. Das würden Sie gerne tun. Fragen Sie ansonsten nach alternativen Vergütungsmodellen oder nach einem konkreten Zeitplan für eine mögliche Erhöhung. Das sollte aber nur die letztmögliche Lösung sein. Sonst hat der Arbeitgeber mit seiner Aufschiebelösung gewonnen und Sie sind weiter unmotiviert. Das wollen Sie nicht und der Arbeitgeber auch nicht.

2. **"Ihre Leistung war in letzter Zeit nicht überzeugend genug."**

   o **Gegenstrategie:** Bitten Sie um ein konkretes Feedback zu Ihrer Leistung. Erläutern Sie, welche Schritte Sie unternommen haben, um Ihre Leistung zu verbessern, und welche Erfolge Sie erzielt haben. Antworten Sie mit „Das ist EIN Einzelbeispiel, welches aber die vielen positiven Aspekte nicht berücksichtigt. Bei einer Gesamtbetrachtung ist auch zu berücksichtigen, dass ich erstens…zweitens…drittens… und dafür halte ich eine Gehaltsanpassung nicht nur für gerechtfertigt, sondern sogar für notwendig. Um nichts anderes bitte ich Sie: Die Anpassung des Gehalts an meine Leistung."

3. **"Alle anderen Mitarbeiter verdienen auch nicht mehr."**

   o **Gegenstrategie:** Betonen Sie Ihre individuellen Leistungen und Erfolge. Vergleichen Sie sich mit ähnlichen Positionen in anderen Unternehmen oder innerhalb Ihres Unternehmens. Sie sollten sich vorher über die Verdienste der Kollegen informieren. Normalerweise finden Sie immer mindestens einen, der mehr verdient, den Sie dann zitieren können. Ansonsten geht auch die Antwort: „Jetzt geht es ja um meine Arbeit und meine Leistung und die ist gut. Da möchte ich auch eine angemessene Vergütung. Wenn die anderen das nicht möchten, ist das deren Sache. Ich verhandele heute nur für mich und meine Leistung und da möchte ich, dass die Vergütung in einem angemessenen Verhältnis zur Leistung steht. Das ist der Fall, wenn das Gehalt auf xyz angepasst wird."

4. **"Wir führen das Gespräch in einem Jahr."**

   o **Gegenstrategie:** Betonen Sie, dass Sie schon seit längerem konstant gute Leistungen bringen und diese ja schließlich auch jetzt schon bringen. Daher ist es angemessen, dies auch JETZT angemessen zu vergüten. Nur notfalls: Drängen Sie auf ein konkretes Datum für das nächste Gespräch. Bieten Sie an, in dieser Zeit zusätzliche Aufgaben zu übernehmen oder Projekte zu initiieren, um Ihren Wert für das Unternehmen zu steigern.

5. **"Wir haben ein Gehaltsgefüge, das wir nicht verändern können."**

   o **Gegenstrategie:** Fragen Sie nach den Kriterien, die für die Festlegung der Gehälter maßgeblich sind. Verlangen Sie eine Tabelle, die verbindlich ist. Zeigen Sie auf, wie Ihre Leistungen und Qualifikationen diese Kriterien erfüllen. Antworten

Sie: „Das verstehe ich, aber das Gefüge wird zum einen durch meine eher kleine Anpassung um xy Euro nicht aus dem Ruder geworfen und zum anderen ist meine Forderung ja nicht völlig aus dem Rahmen. Ich kann nichts dafür, wenn andere zu wenig verdienen. Ich für mich möchte eine angemessene Vergütung.

6. **"Das Budget ist bereits ausgeschöpft."**

   o **Gegenstrategie:** Antwort: „Ich würde wirklich gerne weiter hier im Team arbeiten und meine Erfahrung einbringen. Letztendlich liegt doch auch Ihnen etwas an zufriedenen Mitarbeitern, die Leistung bringen. Ich bin sicher, Sie bekommen meine kleine Forderung noch irgendwo unter. Ich sage es auch keinem." Nur notfalls: Fragen Sie nach alternativen Möglichkeiten, wie Ihre Gehaltserhöhung finanziert werden könnte. Bieten Sie beispielsweise an, auf bestimmte Zusatzleistungen zu verzichten.

7. **"Wir sind gerade in einer schwierigen wirtschaftlichen Lage."**

   o **Gegenstrategie:** „Seitdem ich bei der Firma arbeite, war die Lage noch nie so richtig einfach. Ich bin sicher, man findet auf Geschäftsleitungsebene die richtigen Entscheidungen, um das Schiff gut durch die Lage zu schippern. Ich für meinen Teil bin bereit, auch in schwieriger Lage für das Unternehmen da zu sein, bitte aber um Verständnis, wenn ich eine adäquate Bezahlung erwarte." Ansonsten: Erkundigen Sie sich nach den konkreten Auswirkungen auf Ihre Abteilung oder Ihr Projekt. Zeigen Sie auf, wie Ihre Arbeit zur Verbesserung der Unternehmenssituation beitragen kann.

8. **"Wir haben gerade erst Ihre Gehaltserhöhung vorgenommen."**

   o **Gegenstrategie:** Erläutern Sie, dass sich Ihre Aufgaben oder Verantwortlichkeiten seit der letzten Erhöhung deutlich verändert haben. Beziehen Sie sich auf konkrete Beispiele. Deshalb seien normale ggf. tarifliche Steigerungen nicht mehr in Einklang mit Ihrer Tätigkeit zu bringen. Sie können z.b. vorbringen, dass sich Ihre Arbeitsdichte erhöht hat (Sie müssen in gleicher Zeit mehr Vorgänge bearbeiten) oder auch die Bandbreite der Tätigkeiten größer geworden ist.

9. **"Sie sind noch zu neu in der Firma."**

   o **Gegenstrategie:** Betonen Sie Ihre bisherigen Erfolge und zeigen Sie auf, wie schnell Sie sich in das Unternehmen eingearbeitet haben. Das Unternehmen profitiert bereits von Ihrer früheren Erfahrung. Dann ist es auch fair, dafür jetzt zu bezahlen und nicht erst später.

10. **"Wir sind nicht bereit, über Ihr Gehalt zu verhandeln."**

- **Gegenstrategie:** Bleiben Sie ruhig und höflich. Bedanken Sie sich für das Gespräch und machen Sie deutlich, dass Sie sich eine langfristige Zusammenarbeit wünschen. Z.B. mit dem Satz „Das erstaunt mich, denn mir liegt an einer langfristigen Zusammenarbeit. Gerne würde ich weiter meine Fähigkeiten in den Dienst der Firma stellen und auch weiter diese oder jene Tätigkeit in der Firma ausführen… Ich habe den Eindruck, dass ich das bisher zur Zufriedenheit der Kunden und Vorgesetzten gemacht habe. Da ich bereit bin, aktuell und zukünftig auch weiterhin alles für die Firma zu geben, bin ich davon ausgegangen, dass die Firma an einer weiteren Zusammenarbeit ein Interesse hat. Eine kategorische Ablehnung bereits des Gesprächs über eine Gehaltsanpassung erstaunt mich da."

Wenn der Arbeitgeber nicht über eine Gehaltserhöhung verhandeln möchte, sollten Sie sich überlegen, ob es nicht auch andere Arbeitgeber gibt, denen Sie eine Bewerbung schicken können. Aus dem Gespräch auf jeden Fall höflich verabschieden, denn man sieht sich immer zweimal im Leben.

5.0 Strategien für erfolgreiche Gehaltsverhandlungen

5.1 Die richtige Verhandlungsstrategie wählen

Die Wahl der richtigen Verhandlungsstrategie ist entscheidend für den Erfolg Ihrer Gehaltsverhandlung. Dabei sollten Sie sowohl Ihre persönlichen Präferenzen als auch die spezifische Situation berücksichtigen.

1.1 Die vorbereitete Strategie

- **Detaillierte Vorbereitung:** Erstellen Sie eine umfassende Liste Ihrer Argumente, Erfolge und Ziele.

- **Szenarioplanung:** Überlegen Sie sich mögliche Einwände des Arbeitgebers und entwickeln Sie darauf abgestimmte Gegenargumente. So ergeben sich keine Nachdenkzeiten oder Überraschungsmomente. Sie sind vorbereitet.

- **Best-Case- und Worst-Case-Szenarien:** Definieren Sie Ihre idealen Ergebnisse und bereiten Sie sich auf unerwartete Wendungen vor (Plan B)

- **Flexibilität:** Seien Sie bereit, Ihre Strategie anzupassen, wenn sich die Gesprächssituation ändert.

1.2 Die intuitive Strategie

- **Spontane Anpassung:** Reagieren Sie flexibel auf die Aussagen und Reaktionen Ihres Gesprächspartners.

- **Emotionale Intelligenz:** Beobachten Sie die Körpersprache und den Tonfall Ihres Gegenübers, um Ihre Strategie anzupassen.

- **Vertrauen auf Ihr Bauchgefühl:** Lassen Sie sich von Ihrer Intuition leiten, um die richtige Entscheidung zu treffen.

1.3 Die kombinierte Strategie

- **Kombination aus beidem:** Nutzen Sie die Vorteile beider Strategien, indem Sie eine solide Grundlage schaffen und gleichzeitig offen für spontane Entwicklungen sind.

- **Balance finden:** Finden Sie ein Gleichgewicht zwischen Struktur und Flexibilität.

5.2 Kooperative versus kompetitive Verhandlungsstile

Die Wahl des Verhandlungsstils hat einen großen Einfluss auf den Verlauf und das Ergebnis der Gehaltsverhandlung.

2.1 Der kooperative Verhandlungsstil

- **Win-win-Situation:** Ziel ist es, eine Lösung zu finden, von der beide Seiten profitieren.

- **Langfristige Beziehung:** Der Fokus liegt auf einer langfristigen und positiven Zusammenarbeit.

- **Gemeinsame Lösungsfindung:** Beide Parteien arbeiten gemeinsam an einer Lösung.

- **Vorteile:**

  o Stärkt die Beziehung zum Arbeitgeber.

  o Erhöht die Wahrscheinlichkeit einer erfolgreichen Zusammenarbeit in Zukunft.

  o Kann zu kreativen Lösungen führen.

2.2 Der kompetitive Verhandlungsstil

- **Win-lose-Situation:** Ziel ist es, den größtmöglichen Vorteil für sich selbst herauszuholen.

- **Kurzfristige Orientierung:** Der Fokus liegt auf dem unmittelbaren Ergebnis der Verhandlung.

- **Hartes Verhandeln:** Es werden klare Forderungen gestellt und Zugeständnisse nur ungern gemacht.

- **Vorteile:**

  o Kann zu einem schnellen Ergebnis führen.

  o Kann in bestimmten Situationen effektiv sein.

Beim kompetitiven Verhandlungsstil muss man dann jedoch auch bereit sein, bei einem Nichterfüllen des Mindestwunsches Konsequenzen zu ziehen, z.b. auch den Arbeitgeberwechsel in Betracht zu ziehen.

2.3 Welcher Stil ist der richtige?

Die Wahl des Verhandlungsstils hängt von verschiedenen Faktoren ab:

- **Beziehung zum Arbeitgeber:** Bei einer guten Beziehung ist ein kooperativer Stil oft sinnvoller. Man sollte sich allerdings nicht ausnutzen lassen.

- **Dringlichkeit:** Bei einer kurzfristigen Entscheidung kann ein kompetitiver Stil effektiver sein. Auch dann, wenn der Arbeitskräftemarkt dünn ist und Nachfolger für den Arbeitsplatz nicht Schlange stehen.

- **Unternehmenskultur:** Die Unternehmenskultur kann den bevorzugten Verhandlungsstil beeinflussen.

5.3 Taktiken zur Steigerung der Erfolgschancen

3.1 Die Vorbereitung ist der Schlüssel

- **Recherchieren:** Informieren Sie sich über das Unternehmen, die Branche und vergleichbare Positionen.

- **Argumente sammeln:** Bereiten Sie stichhaltige Argumente vor, die Ihre Gehaltsforderung stützen.

- **Ziele definieren:** Formulieren Sie klare und realistische Ziele für die Verhandlung.

3.2 Aktives Zuhören

- **Konzentrieren:** Schenken Sie Ihrem Gesprächspartner Ihre volle Aufmerksamkeit.

- **Nachfragen:** Stellen Sie offene Fragen, um tiefer in die Materie einzudringen.

- **Zusammenfassen:** Fassen Sie regelmäßig zusammen, um sicherzustellen, dass Sie alles richtig verstanden haben.

3.3 Körpersprache und Kommunikation

- **Selbstbewusste Körpersprache:** Eine offene und aufrechte Körperhaltung signalisiert Selbstvertrauen.

- **Klare und präzise Sprache:** Formulieren Sie Ihre Forderungen klar und deutlich.

- **Emotionale Intelligenz:** Beobachten Sie die Reaktionen Ihres Gesprächspartners und passen Sie Ihre Kommunikation entsprechend an.

3.4 Verhandlungstaktiken

- **Die Sandwich-Methode:** Beginnen Sie mit einer positiven Aussage, stellen Sie Ihre Forderung und beenden Sie mit einer positiven Bemerkung.

- **Das "So what?"-Prinzip:** Erklären Sie den Mehrwert, den Ihre Arbeit für das Unternehmen hat.

- **Die "Tür öffnen"-Technik:** Suchen Sie nach gemeinsamen Interessen, um eine Basis für die Verhandlungen zu schaffen.

3.5 Umgang mit Einwänden

- **Ruhe bewahren:** Reagieren Sie nicht emotional auf Einwände.

- **Nachfragen:** Bitten Sie um eine genauere Erklärung.

- **Alternative Lösungen anbieten:** Zeigen Sie sich flexibel und kompromissbereit.

3.6 Abschluss der Verhandlung

- **Zusammenfassung:** Fassen Sie die wichtigsten Punkte zusammen.

- **Dankbarkeit:** Bedanken Sie sich für das Gespräch.

- **Nächste Schritte:** Vereinbaren Sie gegebenenfalls einen weiteren Gesprächstermin.

6.0 Praxisbeispiele und Fallstudien zur Gehaltsverhandlung

6.1 Erfolgreiche Gehaltsverhandlung, Beispiel 1

Der Autor selbst hat mit Anfang 20 erfolgreich in einer deutschen Großbank gearbeitet, in der er auch seine Ausbildung zum Bankkaufmann absolviert hat. Nach Ende der Ausbildung gab es dann nur ein Standard-Anfänger-Bankkaufmanns-Gehalt. Der Autor hat sich jedoch schnell in ein Spezialarbeitsgebiet eingearbeitet und für die Bank hohe Erträge erwirtschaftet, die einem Vielfachen des Gehalts entsprachen.

Aus dem Urlaub heraus hat der Autor dem Leiter der Personalabteilung eine Postkarte gesandt. „Gerne würde ich mich nach dem Urlaub mit Ihnen zusammensetzen, um über eine Gehaltsanpassung zu sprechen, die meine Leistung in der Filiale widerspiegelt. Terminvorschlägen ab dem … stehe ich aufgeschlossen gegenüber."

Das war ein bisschen unverschämt, aber effektiv. Am Tag 1 nach Rückkehr aus dem Urlaub bat mich der Filialleiter zu sich und machte mich darauf aufmerksam, dass ich am nächsten Tag beim Personalchef erscheinen solle.

Da war ich dann auch. Der Personalchef hat mir klar gemacht, dass man so etwas nicht macht. Ich habe ihm Recht gegeben und ihm erklärt, dass ich gerne weiter für das Unternehmen arbeiten würde und es mir Spaß macht, jeden Monat für das Unternehmen den Betrag von xyz zu erwirtschaften. Das würde ich gerne fortsetzen, würde dies aber um so lieber tun, wenn mein Gehalt ein Pendant zu dem wäre, was ich für das Unternehmen verdiene. Ich möchte nicht das, was ich verdiene, aber eine

Anerkennung. Vorgeschlagen habe ich eine **Verdoppelung des Gehalts**. Das hatte vorher noch keiner gewagt, zu verlangen.

Ich teilte ihm mit, dass ich sicher sei, dass dies für ihn überraschend klänge, aber händigte ihm einen Stellenbeschreibung der Zentrale aus, die für meine Position genau dies vorsah.

Am nächsten Tag hatte ich einen Termin mit dem Direktor in der Filiale, der wohl zwischenzeitlich die Erträge analysiert hatte und mir im Gespräch mitteilte, dass ich auch das deutlich höhere Gehalt verdient hätte, aber man könne mir das nicht sofort geben, sondern in drei Stufen über drei Jahr verteilt. Dann wäre ich da. Dann wäre ich am Ziel.

Ich teilte ihm meinen Dank mit und begab mich in der Mittagspause auf die andere Straßenseite, wo ein Konkurrenzkreditinstitut ansässig war und fragte, ob Sie noch einen Mitarbeiter benötigen, der meinem Profil entsprach und verlangte das, was nach einer Verdoppelung des bisherigen Gehalts herumgekommen wäre. Der Direktor dort sagte mir dies am nächsten Tag zu und hatte auch schon einen Vertrag vorbereitet.

Ich fragte nochmal beim alten Arbeitgeber, wo man mir nochmal bestätigte, dass ich auf der „fast road" sei und ja in drei Jahren da sein könnte, wo andere in 10 Jahren nicht wären. Das ging mir schnell genug. Ich kündigte und verdiente anschließend sofort doppelt so viel wie vorher, was für einen jungen Mann viel Geld war.

Heute, ein paar Jahrzehnte später würde ich das nicht mehr so machen, sondern das Angebot der „fast road" über 3 Jahre annehmen, wenn es denn schriftlich kommt. Loyal zu einem Arbeitgeber zu stehen, wird häufig auch durch Loyalität des Arbeitgebers gedankt.

Dennoch hat mich dieser Blitzwechsel damals für Jahrzehnte über die Beitragsbemessungsgrenze gehievt, das Selbstvertrauen deutlich erhöht und mich auch für andere Arbeitgeber attraktiver gemacht.

Heute würde ich weniger hart vorgehen, aber zwei Grundsätze bleiben:

a) **Wenn der Arbeitgeber den Arbeitseinsatz nicht entsprechend würdigt, dann muss man notfalls auch gehen und den Arbeitgeber wechseln.** Die Arbeit nimmt einen so großen Teil der Lebenszeit ein, dass man diese nicht an einen Arbeitgeber verschwenden sollte, der nicht partnerschaftlich mit einem umgeht, sondern einen nur „ausquetschen" möchte. Wenn ich mich für einen Arbeitgeber so einsetze, als wäre es meine eigene Firma, möchte ich dies auch honoriert haben.

b) **Man muss sich <u>selbst</u> für sich einsetzen, sonst macht es niemand.** Das Verlangen nach einer Gehaltserhöhung ist vollkommen legitim und auch nicht unanständig. Wer sonst außer man selbst sollte nach einer Lohnerhöhung fragen? Meist macht es sonst niemand, außer vielleicht ein idealistischer Vorgesetzter.

6.2 Studien zum Thema Gehaltsverhandlung

Stepstone Studie zum Thema Gehalt und Verhandlung

Die Online-Jobplattform Stepstone untersuchte im Jahr 2019 durch Befragung von rund 11.000 Fach- und Führungskräften Zusammenhänge zum Thema Gehalt. Dabei gab es folgende Kernerkenntnisse:

- 34% der Befragten reden ungern über Geld und fühlen sich deshalb unwohl, nach mehr Geld zu fragen
- 31% der Befragten hatten Sorge, durch die Frage nach mehr Geld das Verhältnis zum Vorgesetzten zu beschädigen
- 21% der Befragten waren gar unsicher, ob sie die Voraussetzungen für eine Gehaltserhöhung erfüllten
- 57% der Befragten haben in ihrer aktuellen Anstellung schon eine Gehaltserhöhung, zumeist, weil sie aktiv danach gefragt haben
- 58% der Befragten begründeten das Gehaltserhöhungsbegehren mit guten Leistungen im Beruf
- Ca. 2/3 der Befragten wollen mehr verdienen als es aktuell der Fall ist

FAZIT: Wer mehr Gehalt will, muss danach fragen. Wer danach fragt, erhält in der überwiegenden Anzahl der Fälle eine Erhöhung. Wer nicht danach fragt, ist selbst schuld.

US-Studie: Gebildete Frauen verhandeln öfter als Männer, bekommen aber weniger

In den USA ergab eine Studie (Academy of Management, New York) aus 2024, der eine Befragung von 900 MBA-Absolventinnen und Absolventen zugrunde lag, dass 54% der Frauen, aber nur 44% der Männer versucht hatten, bei der ersten Anstellung das Gehalt nach oben zu verhandeln.

Bei einer Auswertung unter 2000 MBA-Alumni ergab sich allerdings, dass die Gehaltsverhandlungen bei Frauen öfter als bei den Männern gescheitert waren und Frauen im Schnitt 22% weniger verdienten.

FAZIT: Es nützt nichts, nur um das Gehalt zu verhandeln, man muss auch hartnäckig sein und sich durchsetzen. Hier scheinen gerade Frauen viel zu oft zu früh aufzugeben.

Glassdoor-Studie: Frauen gehen weniger selbstbewusst in Gehaltsverhandlungen

Bei einer Studie von Glassdoor aus dem Jahr 2022 kam heraus, dass 65% der Männer, aber nur 47% der Frauen selbstbewusst in eine Gehaltsverhandlung gehen.

40% der Frauen haben sogar Angst vor einer Verhandlung über Gehalt, Boni oder Zulagen.

73% der Frauen haben nach der Befragung den Eindruck, dass sie mehr Geld verdient hätten.

42% der Frauen haben die Erkenntnis, dass ihre Zurückhaltung bei der Frage nach mehr Gehalt negative Auswirkungen auf das Einkommen hat.

FAZIT: Als Frau muss man ebenso wie als Mann aktiv nach mehr Gehalt fragen. Tut man es nicht, wird es häufig von Arbeitgebern ausgenutzt und man zahlt Frauen weniger Gehalt.

Machen Sie Schluss mit der Angst vor der Frage nach mehr Gehalt. Die Frage ist legitim und Sie haben im Zweifel auch das Recht auf mehr Geld für Ihre Leistung. Sie erbringen eine vernünftige Leistung, also wollen Sie auch vernünftig bezahlt werden.

Frankfurter Studie zum Thema Verhandlungskompetenz beim Gehalt: Oft schlecht vorbereitet, aber Männer haben mehr Erfolg

Im Jahr 2018 gab es eine Studie der Frankfurt University of Applied Sciences (Voigt/Ruppert) mit folgenden Kernerkenntnissen:

- Frauen und Männer gehen oft schlecht vorbereitet in Gehaltsverhandlungen
- Männer erzielen signifikant bessere Ergebnisse
- Frauen haben deutlich öfter Angst vor der Verhandlung
- In 83% der Fälle war der Verhandlungspartner auf Arbeitgeberseite ein Mann

Als wesentlich für den Verhandlungserfolg haben sich besonders herausgestellt:

- ✓ Einstellung und Motivation
- ✓ Vorbereitung
- ✓ Gesprächsführung

Dazu auch persönliche Faktoren, unternehmensbezogene Faktoren und die persönliche Stellung im Unternehmen.

FAZIT: An Einstellung und Motivation kann man ebenso im Vorfeld arbeiten wie an Methoden zur Gesprächsführung.

Gehen Sie niemals unvorbereitet in eine Gehaltsverhandlung. Niemals. Auch nicht, wenn der Chef mal eben zwischen Tür und Angel fragt. Üben Sie das Gehaltsverhandlungsgespräch vorher zuhause. Ebenso wie die Einwandbehandlung. Ermitteln Sie mögliche Einwände und legen sich eine Einwandbehandlung vorher zurecht. Dann kommt die wie aus der Pistole geschossen während der tatsächlichen Verhandlung.

6.3 Herausforderungen bei der Gehaltsverhandlung und Lösungen dazu

Herausforderungen und Lösungen bei der Gehaltsverhandlung

Gehaltsverhandlungen sind für viele Arbeitnehmer ein spannender, aber auch angespannter Moment. Die Angst vor Ablehnung, Unsicherheit über den eigenen Wert und die Sorge, das Arbeitsverhältnis zu gefährden, sind häufig auftretende Emotionen. Doch mit der richtigen Vorbereitung und Strategie können diese Herausforderungen gemeistert werden.

Herausforderung 1: Die Angst vor Ablehnung

Die Angst vor einer negativen Reaktion des Arbeitgebers ist ein häufiges Hindernis bei Gehaltsverhandlungen. Viele befürchten, als zu fordernd oder undankbar wahrgenommen zu werden.

- **Lösung:**

    o **Selbstbewusstsein stärken:** Erinnere dich an deine Leistungen und Erfolge. Du hast einen Wert für das Unternehmen.

    o **Positive Erwartungshaltung:** Gehe die Verhandlung mit einer positiven Einstellung an. Glaube an deinen Erfolg.

    o **Alternativen vorbereiten:** Überlege dir im Vorfeld, welche Alternativen du hast, falls die Verhandlungen scheitern.

Herausforderung 2: Unsicherheit über den eigenen Wert

Oftmals ist es schwierig, den eigenen Wert realistisch einzuschätzen. Welche Faktoren spielen bei der Gehaltsbestimmung eine Rolle?

- **Lösung:**

    o **Marktforschung:** Informiere dich über die üblichen Gehälter in deiner Branche und für deine Position.

    o **Eigene Leistungen dokumentieren:** Führe eine Liste deiner Erfolge und Verantwortlichkeiten.

    o **Vergleich mit Kollegen:** Diskrete Gespräche mit Kollegen können Aufschluss über die Gehaltsstruktur im Unternehmen geben.

Herausforderung 3: Schwierige Gesprächspartner

Nicht jeder Vorgesetzte ist ein versierter Verhandlungspartner. Manche sind defensiv, andere wieder ausweichend.

- **Lösung:**
  - o **Aktives Zuhören:** Gib deinem Gesprächspartner das Gefühl, ernst genommen zu werden.
  - o **Empathie zeigen:** Verstehe die Perspektive deines Gegenübers.
  - o **Faktbasierte Argumente:** Stütze deine Forderungen auf konkrete Zahlen und Fakten.

Herausforderung 4: Der richtige Zeitpunkt

Wann ist der beste Zeitpunkt für eine Gehaltsverhandlung?

- **Lösung:**
  - o **Nach erfolgreichen Projekten:** Nutze den Schwung nach einer erfolgreichen Arbeitsphase.
  - o **Bei der jährlichen Mitarbeitergesprächen:** Binde deine Gehaltswünsche in das Gespräch ein.
  - o **Bei einem Jobwechsel:** Nutze die Gelegenheit, um ein höheres Gehalt zu verhandeln.

Herausforderung 5: Die Angst, das Arbeitsverhältnis zu gefährden

Viele befürchten, dass eine Gehaltsverhandlung die Beziehung zum Arbeitgeber belastet.

- **Lösung:**
  - **Offene Kommunikation:** Sprich offen über deine Wünsche und Erwartungen.
  - **Win-win-Situation schaffen:** Zeige, dass eine Gehaltserhöhung auch für das Unternehmen von Vorteil sein kann.
  - **Professionelles Auftreten:** Bleib auch in schwierigen Situationen höflich und respektvoll.

Lösungsstrategien für eine erfolgreiche Gehaltsverhandlung

- ***Vorbereitung ist der Schlüssel:***
  - **Recherchiere:** Informiere dich gründlich über die Branche, das Unternehmen und deine Position.
  - **Dokumentiere:** Erstelle eine Liste deiner Erfolge und Verantwortlichkeiten.
  - **Übe:** Führe die Verhandlung im Kopf durch oder mit einer vertrauten Person.
- **Setze klare Ziele:**
  - **Wunschgehalt:** Formuliere ein konkretes Ziel.

- o **Alternativen:** Überlege dir, welche Kompromisse du eingehen könntest.

- **Verhandlungstaktiken:**

  - o **Zuhören:** Gib deinem Gesprächspartner die Möglichkeit, seine Sichtweise darzulegen.

  - o **Fragen stellen:** Zeige Interesse und stelle offene Fragen.

  - o **Pausen einlegen:** Wenn du unsicher bist, nimm dir kurz Zeit zum Nachdenken.

- **Körpersprache:**

  - o **Aufrechte Haltung:** Strahle Selbstbewusstsein aus.

  - o **Blickkontakt:** Schaue deinem Gesprächspartner direkt in die Augen.

- **Abschluss:**

  - o **Zusammenfassung:** Fasse die wichtigsten Punkte zusammen.

  - o **Nachfassen:** Bitte um eine schriftliche Bestätigung der vereinbarten Bedingungen.

Zusätzliche Aspekte

- **Gehaltsverhandlung bei einem Jobwechsel:** Hier hast du eine stärkere Verhandlungsposition.

- **Gehaltsverhandlung während einer Probezeit:** Sei vorsichtig und argumentiere mit deiner schnellen Einarbeitung und deinem hohen Engagement.

- **Gehaltsverhandlung bei einem kleinen Unternehmen:** Hier können persönliche Beziehungen eine Rolle spielen.

- **Gehaltsverhandlung als Frau:** Frauen verdienen oft weniger als Männer. Sei dir deiner Stärken bewusst und verhandle selbstbewusst.

7.0 Die 10 Totschlagargumente der Arbeitgeber und wie man darauf reagiert

Arbeitgeber haben immer ein Interesse möglichst wenig Geld für die Arbeitnehmer auszugeben. Gerade nur so wenig, dass der Arbeitnehmer nicht geht und weiter seine Leistung erbringt. Arbeitgeber sind geübt in Gehaltsverhandlungen und haben meist 10 Totschlagargumente, die sie einem Arbeitnehmer um die Ohren hauen, wenn es um das Thema „mehr Geld" geht.

Wer das weiß, kann sich darauf vorbereiten und für jeden Einwand eine Einwandbehandlung zurechtlegen.

Hier die 10 häufig genannten Argumente, warum aktuell gerade keine Gehaltserhöhung möglich sei:

10 Totschlagargumente und wie man sie kontert

1. **"Wir haben im Moment kein Budget."**

   o **Gegenstrategie:** Fordere konkrete Zahlen ein. Frage nach, um wie viel das Budget begrenzt ist und ob es alternative Lösungswege gibt (z.B. Aufschub anderer Projekte, Umverteilung von Ressourcen). Zeige auf, wie deine zusätzliche Leistung langfristig das Budget entlasten kann.

2. **"Das ist in diesem Jahr nicht drin."**

   o **Gegenstrategie:** Frage nach konkreten Gründen und nach einem Zeitrahmen, wann eine erneute Diskussion möglich wäre. Binde deine zukünftigen Ziele und Beiträge für das Unternehmen ein. Frage, ob dann Du dann dieses Jahr auch keine Leistung zeigen sollst.

3. **"Alle anderen verdienen auch nicht mehr."**

   o **Gegenstrategie:** Fokussiere auf deine individuellen Leistungen und deinen Beitrag zum Unternehmenserfolg. Vergleiche dich nicht mit anderen, sondern beziehe dich auf deine spezifischen Aufgaben und Erfolge.

4. **"Du bist doch schon gut bezahlt."**

   o **Gegenstrategie:** Erkläre, warum du glaubst, dass dein Gehalt nicht deiner Leistung entspricht. Verweise auf Marktstudien, die deine Position bestätigen.

5. **"Wir sind ein kleines Unternehmen und können uns das nicht leisten."**

   o **Gegenstrategie:** Zeige, wie deine Leistung zum Wachstum des Unternehmens beiträgt. Erkläre, dass Investitionen in Mitarbeiter langfristig zu mehr Erfolg führen.

6. **"Wir haben gerade erst eine Gehaltserhöhung gegeben."**

   o **Gegenstrategie:** Erkläre, dass sich deine Leistungen seit der letzten Erhöhung deutlich verbessert haben oder dass neue Aufgaben hinzugekommen sind. Erkläre, dass die mit einer Gießkanne an alle vergebenen Gehaltserhöhungen nicht Deine eigenen, besonderen Leistungen wiedergeben.

7. **"Deine Arbeit ist zwar gut, aber..."**

   - **Gegenstrategie:** Unterbreche den Satz nicht. Lass deinen Chef den Satz zu Ende führen und gehe dann gezielt auf die genannten Punkte ein.

8. **"Wir müssen erst einmal sehen, wie sich das Geschäft entwickelt."**

   - **Gegenstrategie:** Zeige, wie deine Arbeit zur positiven Entwicklung des Geschäfts beiträgt. Biete an, konkrete Ziele zu definieren, an denen dein Erfolg gemessen werden kann.

9. **"Wir besprechen das später."**

   - **Gegenstrategie:** Bitte um einen konkreten Termin für das nächste Gespräch. Zeige, dass dir das Thema wichtig ist.

10. **"Ich überlege es mir."**

- **Gegenstrategie:** Bitte um eine schriftliche Zusammenfassung der wichtigsten Punkte und um eine Rückmeldung innerhalb einer bestimmten Frist. Wenn Du hart verhandeln willst, dann kontere mit „OK. Sie überlegen, ob Sie mein Gehalt meiner Leistung anpassen. Soll ich mir dann auch die Zeit nehmen, zu überlegen, ob ich meine Leistung meinem Gehalt anpasse?"

Eine Gehaltsverhandlung müssen Sie immer in Ihrer Wortwahl und Ihrer Diktion führen. Also so, wie Sie sonst auch reden würden. Auswendig gelernt und aufgesagt wirkt nicht echt. Formen Sie Tipps und Hinweise aus dem Buch in Ihre Sprache, bzw. Wortwahl um.

Mögliche Antworten, Einwände und Redewendungen, die sich in Gehaltsgesprächen bewährt haben:

- Auf den **Einwand, dass die Forderung ja ganz schön hoch ist**: *„Wenn Sie meine paar läppischen Euros der Anpassung ins Verhältnis zum Jahresumsatz der Firma/zum Jahresumsatz unserer Abteilung setzen, fällt das doch für Sie gar nicht ins Gewicht, - es ist eine Nachkommastelle in der Jahresbetrachtung. Bin ich Ihnen keine Nachkommastelle wert? Für Sie fällt das nicht sonderlich ins Gewicht, mir wäre es jedoch wichtig, damit ich das Gefühl habe, ich werde angemessen bezahlt und auch weiter motiviert Leistung bringe"*
- Auf den Einwand „Sie verdienen im Vergleich zu den Kollegen ohnehin schon sehr gut" antworten Sie: *„Das soll auch so bleiben – schließlich leiste ich ja auch mehr als die meisten, weiß mehr als die meisten und werde von den anderen oft als Problemlöser herangezogen. Das soll auch gerne so bleiben. Das Einzige, was noch fehlt, ist die 1:1 Honorierung meiner Mehrleistung. Wenn Sie sich da noch einen kleinen Schubs geben, macht es mir auch zukünftig Freude, Vollgas zu geben. Wollen Sie doch, oder?"*
- Auf den Einwand, man sei an Lohngruppen in der Tabelle gebunden, antworten Sie: *„Solche Tabellen sind wichtig, aber machen wir uns nichts vor: Sie haben ja*

einen Spielraum in der Tabelle, sowohl, was die Lohngruppe betrifft, als auch die Stufe. Bei der Stufe können Sie z.B. einmal den Blick nach rechts werfen. Da treffen Sie auf Felder, die mit meiner Leistung korrespondieren. Und wenn Sie gleich zwei Stufen nach rechts rutschen, müssen wir uns in einem halben Jahr nicht wieder unterhalten. Seien Sie mal nicht so schüchtern. "

- Wenn die vom Arbeitgeber vorgeschlagene Erhöhung zu niedrig ist, antworten Sie: *„Es sollte schon eine Anpassung sein, die ich auch merke. Bei so wenig, muss man ja aufpassen, dass man durch die Progression nicht netto weniger rausbekommt als vor der Erhöhung. Als angemessen würde ich eher einen Betrag von xyz empfinden. Das ist dann zwar noch immer nicht das, was ich eigentlich verdienen müsste für meinen Arbeitseinsatz, aber eine Größenordnung, wo ich dann gerne zur Arbeit komme und mich auch besonders ins Zeug lege. Wollen Sie doch, oder?"*

8.0 Wann ist der optimale Zeitpunkt für eine Gehaltsverhandlung?

Der Zeitpunkt einer Gehaltsverhandlung kann über den Erfolg entscheidend sein. Ein gut gewählter Moment erhöht Ihre Chancen auf eine positive Reaktion Ihres Arbeitgebers. Doch wann ist der richtige Zeitpunkt? Lassen Sie uns die verschiedenen Optionen genauer unter die Lupe nehmen.

Der Jahresanfang – Ein klassischer Zeitpunkt

- **Warum:** Viele Unternehmen erstellen ihre Budgets zu Beginn des Jahres. Dies ist eine gute Gelegenheit, um Ihre Gehaltserhöhung in die Planung einzubeziehen.

- **Vorteile:**

    o Budgets sind oft noch nicht ausgeschöpft.

    o Die Unternehmenssituation ist meist klarer.

    o Es besteht eine gewisse Erwartungshaltung bei den Mitarbeitern.

- **Nachteile:**

    o Hohe Konkurrenz unter den Mitarbeitern.

    o Mögliche Budgetrestriktionen durch unerwartete Ereignisse.

Nach erfolgreich abgeschlossenen Projekten

- **Warum:** Ihre konkreten Erfolge sind greifbar und können als starkes Argument dienen.

- **Vorteile:**

- o Sie können direkt auf Ihre Leistungen verweisen.

- o Der positive Eindruck Ihrer Arbeit ist noch frisch.

- **Nachteile:**

  - o Nicht jeder Mitarbeiter hat regelmäßig große Projekte abzuschließen.

  - o Es kann zu einer gewissen Erwartungshaltung führen, dass nach jedem Erfolg eine Gehaltserhöhung folgt.

Vor der jährlichen Mitarbeiterbeurteilung

- **Warum:** Die Beurteilung ist eine gute Gelegenheit, Ihre Leistungen zu reflektieren und über zukünftige Ziele zu sprechen.

- **Vorteile:**

  - o Sie können Ihre Gehaltserhöhung direkt mit Ihrer Leistung verknüpfen.

  - o Das Gespräch bietet eine strukturierte Umgebung für die Diskussion.

- **Nachteile:**

  - o Die Beurteilung kann auch negative Aspekte beinhalten, die Ihre Verhandlungsposition schwächen könnten.

Bei einem Jobwechsel oder einer Beförderung

- **Warum:** Diese Ereignisse bieten eine natürliche Gelegenheit, über eine Anpassung des Gehalts zu sprechen.

- **Vorteile:**

- o Sie haben eine stärkere Verhandlungsposition.
- o Das Unternehmen hat ein Interesse daran, Sie zu halten oder zu gewinnen.

- **Nachteile:**
  - o Ein Jobwechsel kann als illoyal angesehen werden.
  - o Eine Beförderung wird nicht immer mit einer automatischen Gehaltserhöhung verbunden.

Wenn sich Ihre Aufgaben wesentlich verändert haben

- **Warum:** Haben Sie neue Verantwortlichkeiten übernommen oder Ihre Aufgaben deutlich erweitert, ist dies ein guter Grund für eine Gehaltsanpassung.

- **Vorteile:**
  - o Sie können direkt auf die zusätzlichen Aufgaben verweisen.
  - o Das Unternehmen erkennt Ihren Mehrwert an.

- **Nachteile:**
  - o Nicht jede Veränderung der Aufgaben führt automatisch zu einer höheren Bezahlung.

Wenn Sie ein Angebot von einem anderen Unternehmen haben

- **Warum:** Ein konkretes Angebot kann als Druckmittel dienen, um eine Gehaltserhöhung zu erreichen.

- **Vorteile:**
  - o Sie haben eine starke Verhandlungsposition.

- o Das Unternehmen hat ein Interesse daran, Sie zu halten.

- **Nachteile:**

  - o Der Arbeitgeber könnte Ihre Loyalität in Frage stellen.

  - o Ein Wechsel kann Risiken bergen.

Wann Sie besser warten sollten

- **Während einer Unternehmenskrise:** In wirtschaftlich schwierigen Zeiten ist es ratsam, auf eine Gehaltsverhandlung zu verzichten.

- **Kurz nach einer Gehaltserhöhung:** Ein zu kurzer Abstand zwischen zwei Erhöhungen kann als ungeduldig wirken.

- **Wenn Sie unzufrieden mit Ihrer Arbeit sind:** Konzentrieren Sie sich zunächst darauf, die Gründe für Ihre Unzufriedenheit zu klären.

Individuelle Faktoren

Neben den genannten allgemeinen Zeitpunkten spielen auch individuelle Faktoren eine Rolle:

- **Ihre Beziehung zum Vorgesetzten:** Ein gutes Verhältnis erleichtert die Verhandlungen.

- **Die Unternehmenskultur:** In manchen Unternehmen sind Gehaltsverhandlungen üblicher als in anderen.

- **Ihre Rolle im Unternehmen:** Führungskräfte haben in der Regel mehr Verhandlungsspielraum als Mitarbeiter in einfachen Positionen.

Fazit

Der optimale Zeitpunkt für eine Gehaltsverhandlung ist individuell und hängt von verschiedenen Faktoren ab. Es gibt keinen universell richtigen Zeitpunkt. Wichtig ist, dass Sie gut vorbereitet sind, Ihre Argumente klar formulieren und auf die spezifische Situation in Ihrem Unternehmen eingehen.

9.0 Nach der Gehaltsverhandlung

Vor der Gehaltsverhandlung hat der eine oder andere „Bammel", was meist nach den ersten Worten nachlässt. Genauso wichtig wie die Vorbereitung der Gehaltsverhandlung und deren Durchführung ist aber auch die Nachbereitung.

9.1 Reflexion und Auswertung des Gesprächs

Eine Gehaltsverhandlung ist mehr als nur ein einzelnes Gespräch. Sie ist ein Prozess, der auch nach dem eigentlichen Termin noch weitergeht. Eine gründliche Reflexion und Auswertung Ihres Gesprächs ist unerlässlich, um daraus zu lernen und für zukünftige Verhandlungen besser gewappnet zu sein.

Warum eine Reflexion so wichtig ist

- **Lernprozess:** Durch eine ehrliche Betrachtung Ihrer eigenen Leistung und der Gesprächssituation können Sie Ihre Stärken und Schwächen identifizieren.

- **Verbesserung:** Die gewonnenen Erkenntnisse ermöglichen es Ihnen, Ihre Verhandlungsstrategie für zukünftige Gespräche anzupassen und zu optimieren.

- **Selbstbewusstsein:** Eine erfolgreiche Reflexion stärkt Ihr Selbstbewusstsein und hilft Ihnen, zukünftigen Verhandlungen mit mehr Sicherheit entgegenzutreten.

Was Sie nach der Gehaltsverhandlung reflektieren sollten:

- **Ihre Vorbereitung:**
  - Waren Ihre Informationen über das Unternehmen, die Branche und vergleichbare Gehälter aktuell und ausreichend?

o Hatten Ihre Argumente die gewünschte Wirkung?

o Waren Sie auf mögliche Gegenargumente vorbereitet?

- **Ihr Auftreten:**

  o Waren Sie selbstbewusst und überzeugend?

  o Haben Sie eine klare und präzise Sprache verwendet?

  o Haben Sie aktiv zugehört und auf die Signale Ihres Gegenübers reagiert?

- **Die Gesprächsatmosphäre:**

  o War die Atmosphäre konstruktiv und wertschätzend?

  o Gab es Momente der Spannung oder Unsicherheit?

  o Welche Rolle haben nonverbale Signale gespielt?

- **Das Ergebnis:**

  o Haben Sie Ihr Ziel erreicht? Wenn nicht, woran lag es?

  o Welche Kompromisse sind Sie eingegangen?

  o Welche weiteren Vereinbarungen wurden getroffen (z.B. zur nächsten Gehaltsanpassung, Weiterbildung)?

Wie Sie das Gespräch auswerten

- **Notizen:** Erstellen Sie direkt nach dem Gespräch stichpunktartige Notizen zu den wichtigsten Punkten.

- **Tagebuch:** Führen Sie ein Verhandlungstagebuch, in dem Sie Ihre Erfahrungen festhalten.

- **Gesprächspartner befragen:** Wenn möglich, fragen Sie Ihren Gesprächspartner nach seinem Eindruck.

- **Feedback einholen:** Holen Sie sich Feedback von Kollegen oder einem Mentor.

Tipps für eine erfolgreiche Reflexion

- **Seien Sie ehrlich zu sich selbst:** Vermeiden Sie es, Fehler zu beschönigen oder Erfolge zu übertreiben.

- **Seien Sie konkret:** Beschreiben Sie Situationen und Verhaltensweisen so genau wie möglich.

- **Ziehen Sie Schlussfolgerungen:** Überlegen Sie, welche Konsequenzen sich aus Ihren Beobachtungen ergeben.

- **Setzen Sie sich Ziele:** Formulieren Sie konkrete Ziele für Ihre nächste Gehaltsverhandlung.

Die Reflexion und Auswertung von Gehaltsverhandlungen ist ein kontinuierlicher Prozess, der Ihnen hilft, sich als Verhandlungspartner weiterzuentwickeln. Indem Sie Ihre Erfahrungen systematisch analysieren, können Sie Ihr Selbstvertrauen stärken und Ihre Erfolgschancen bei zukünftigen Verhandlungen erhöhen.

9.2 Dokumentation und Nachverfolgung von Vereinbarungen

Die Gehaltsverhandlung ist erfolgreich abgeschlossen, Sie haben sich auf ein Gehalt geeinigt und möglicherweise weitere Aspekte wie Urlaubstage, Weiterbildungsmöglichkeiten oder flexible Arbeitszeiten besprochen. Um sicherzustellen, dass alle Vereinbarungen eingehalten werden, ist eine gründliche Dokumentation und Nachverfolgung unerlässlich.

Warum ist eine Dokumentation so wichtig?

- **Klarheit:** Sie schafft Klarheit über die getroffenen Vereinbarungen für beide Parteien.

- **Verbindlichkeit:** Eine schriftliche Dokumentation verleiht den Vereinbarungen mehr Gewicht.

- **Nachweis:** Im Falle von Unstimmigkeiten dient sie als Nachweis.

- **Planung:** Sie ermöglicht eine bessere Planung zukünftiger Schritte, wie z.B. die Umsetzung vereinbarter Maßnahmen.

Was sollten Sie dokumentieren?

- **Das genaue Gehalt:** Sowohl das Grundgehalt als auch mögliche Zulagen oder variable Bestandteile.

- **Zusätzliche Leistungen:** Urlaubstage, Weiterbildungsbudget, flexible Arbeitszeiten, etc.

- **Zeitpunkte:** Wann treten die Vereinbarungen in Kraft?

- **Verantwortlichkeiten:** Wer ist für die Umsetzung der einzelnen Punkte zuständig?

- **Mögliche nächste Schritte:** Wann findet das nächste Gehaltsgespräch statt?

Wie können Sie die Vereinbarungen dokumentieren?

- **E-Mail:** Eine detaillierte Zusammenfassung der wichtigsten Punkte, die Sie Ihrem Gesprächspartner zusenden und von ihm bestätigen lassen.

- **Vertragszusatz:** Wenn Sie einen neuen Arbeitsvertrag unterschreiben, können Sie die Vereinbarungen als Zusatz aufnehmen.

- **Gesonderte Vereinbarung:** Erstellen Sie eine separate Vereinbarung, die beide Parteien unterschreiben.

Nachverfolgung der Vereinbarungen

- **Führen Sie ein Verhandlungsprotokoll:** Notieren Sie sich wichtige Details, Termine und Verantwortlichkeiten.

- **Setzen Sie sich Erinnerungen:** Nutzen Sie digitale Kalender oder Tools, um sich an wichtige Termine zu erinnern.

- **Kontrollieren Sie regelmäßig:** Überprüfen Sie in regelmäßigen Abständen, ob die vereinbarten Maßnahmen umgesetzt werden.

- **Kommunizieren Sie:** Sollten sich Fragen oder Probleme ergeben, sprechen Sie diese offen mit Ihrem Vorgesetzten an.

Tipps für eine erfolgreiche Dokumentation und Nachverfolgung:

- **Seien Sie präzise:** Formulieren Sie die Vereinbarungen klar und unmissverständlich.

- **Seien Sie konkret:** Nennen Sie konkrete Zahlen, Daten und Fakten.

- **Seien Sie zeitnah:** Dokumentieren Sie die Vereinbarungen möglichst schnell nach dem Gespräch.

- **Behalten Sie eine Kopie:** Bewahren Sie eine Kopie der Dokumentation für sich auf.

Eine gründliche Dokumentation und Nachverfolgung Ihrer Gehaltsverhandlung sichert nicht nur, dass alle Vereinbarungen eingehalten werden, sondern stärkt auch Ihre Verhandlungsposition für zukünftige Gespräche. Indem Sie Ihre Rechte und Pflichten schriftlich festhalten, schaffen Sie eine solide Grundlage für eine erfolgreiche Zusammenarbeit.

9.3 Strategien bei Ablehnung einer Gehaltserhöhung

Eine Gehaltsverhandlung ist ein dynamischer Prozess. Auch wenn die gewünschte Gehaltserhöhung zunächst abgelehnt wird, bedeutet dies nicht das Ende der Verhandlung. Es gibt zahlreiche Strategien, um die Situation zu meistern und möglicherweise doch noch zu einem positiven Ergebnis zu gelangen.

Die Ablehnung verstehen

Bevor Sie reagieren, ist es wichtig, die Gründe für die Ablehnung zu verstehen. Fragen Sie Ihren Gesprächspartner nach den **konkreten** Gründen. Mögliche Ursachen könnten sein:

- **Budgetbeschränkungen:** Das Unternehmen hat aktuell keine finanziellen Spielräume.
- **Leistungskriterien:** Ihre Leistung erfüllt noch nicht die Anforderungen für eine Gehaltserhöhung.
- **Unternehmenssituation:** Das Unternehmen befindet sich in einer schwierigen wirtschaftlichen Lage.

Strategien bei Ablehnung

1. Nachhaken und Argumentieren:

- **Konkrete Beispiele nennen:** Erläutern Sie, wie Ihre Arbeit zum Erfolg des Unternehmens beigetragen hat.
- **Marktvergleich anstellen:** Zeigen Sie auf, dass Ihr aktuelles Gehalt unter dem Branchendurchschnitt liegt.
- **Alternativen anbieten:** Bieten Sie Kompromisse an, wie z.B. eine Aufschiebung der Gehaltserhöhung oder eine Erhöhung in kleineren Schritten.

2. Zusätzliche Leistungen aushandeln:

- **Flexible Arbeitszeiten:** Fragen Sie nach flexiblen Arbeitszeiten oder der Möglichkeit zur Telearbeit.
- **Weiterbildung:** Bitten Sie um die Übernahme von Weiterbildungskosten.
- **Zusätzliche Urlaubstage:** Verhandeln Sie um zusätzliche Urlaubstage.
- **Boni:** Fragen Sie nach leistungsabhängigen Boni.

3. Zukunftsaussichten klären:

- **Karriereentwicklung:** Fragen Sie nach Ihren Aufstiegschancen im Unternehmen.

- **Weiterbildungsmöglichkeiten:** Erkundigen Sie sich nach Möglichkeiten zur beruflichen Weiterbildung.

- **Projekte:** Bitten Sie um die Übertragung anspruchsvoller Aufgaben. So kann sich manchmal auch ein Karrieresprung ergeben, der zu mehr Gehalt führt, als Sie durch die Gehaltsverhandlung anvisiert hatten.

4. Zeit gewinnen:

- **Weitere Gespräche vereinbaren:** Bitten Sie um ein weiteres Gespräch in einigen Wochen oder Monaten.

- **schriftliche Zusammenfassung:** Fassen Sie die Ergebnisse des Gesprächs schriftlich zusammen und bitten Sie um eine Rückmeldung.

5. Externe Optionen prüfen:

- **Netzwerk aktivieren:** Sprechen Sie mit Ihrem Netzwerk über mögliche Jobangebote.

- **Bewerbungen schreiben:** Beginnen Sie parallel dazu, sich bei anderen Unternehmen zu bewerben.

- **Verhandlungsposition stärken:** Nutzen Sie externe Angebote, um Ihre Verhandlungsposition zu stärken.

6. Emotionale Intelligenz einsetzen:

- **Bleiben Sie ruhig und professionell:** Lassen Sie sich nicht von Ablehnungen entmutigen.

- **Zeigen Sie Verständnis:** Zeigen Sie Verständnis für die Situation des Unternehmens.

- **Betonen Sie Ihre Loyalität:** Unterstreichen Sie, dass Sie sich dem Unternehmen verbunden fühlen, aber es natürlich irgendwie enttäuschend ist, wenn man den Eindruck hat, dass man nur loyal zum Unternehmen ist, aber das Unternehmen nicht loyal zu einem selbst.

Wichtige Aspekte bei der Umsetzung

- **Vorbereitung:** Bereiten Sie sich gründlich auf das Gespräch vor und sammeln Sie alle relevanten Informationen.

- **Selbstbewusstsein:** Treten Sie selbstbewusst auf und vertreten Sie Ihre Interessen klar und deutlich.

- **Flexibilität:** Seien Sie bereit, Kompromisse einzugehen.

- **Positive Einstellung:** Bleiben Sie positiv und konzentrieren Sie sich auf eine gemeinsame Lösung.

- **Danksagung:** Bedanken Sie sich für das Gespräch und die Zeit Ihres Gegenübers.

Eine Ablehnung einer Gehaltserhöhung ist keine Sackgasse. Mit der richtigen Strategie können Sie die Situation zu Ihrem Vorteil nutzen und möglicherweise doch noch zu einem positiven

Ergebnis gelangen. Es ist wichtig, die Gründe für die Ablehnung zu verstehen, flexibel zu sein und Ihre Interessen klar zu vertreten.

10.0 Besondere Verhandlungssituationen

Gehaltsverhandlung ist nicht Gehaltsverhandlung, - Umstände und Zeitpunkt können eine Gehaltsverhandlung auch „besonders" werden lassen:

10.1 Gehaltsverhandlung bei einem Jobwechsel

Der Jobwechsel ist geschafft, das Angebot liegt vor. Jetzt geht es an die entscheidende Phase: die Gehaltsverhandlung. Diese bietet die Möglichkeit, eine faire Vergütung für Ihre Fähigkeiten und Erfahrungen zu erzielen. Doch wie geht man optimal vor? Dieses Kapitel gibt Ihnen einen umfassenden Leitfaden für Ihre Gehaltsverhandlung im neuen Job.

Vorbereitung ist der Schlüssel zum Erfolg

Bevor Sie ins Gespräch einsteigen, sollten Sie gründlich vorbereitet sein.

- **Marktforschung:** Informieren Sie sich über die üblichen Gehälter in Ihrer Branche und Region für vergleichbare Positionen. Nutzen Sie dazu Gehaltsrechner, Branchenportale und Gespräche mit Kollegen.

- **Eigene Stärken und Erfolge:** Erstellen Sie eine Liste Ihrer wichtigsten Qualifikationen, Erfolge und Erfahrungen. Diese dienen als starke Argumente in der Verhandlung.

- **Unternehmensinformationen:** Setzen Sie sich intensiv mit dem neuen Unternehmen auseinander. Welche Ziele verfolgt es? Wie ist die finanzielle Situation?

- **Verhandlungsziele:** Definieren Sie klar, welches Gehalt Sie anstreben und welche zusätzlichen Leistungen Sie gerne hätten (z.B. Bonus, Aktienoptionen, Weiterbildungsmöglichkeiten, Jobrad, Dienstwagen, Fitnessstudio, Jobticket o.ä.).

Die Kunst der Kommunikation

Eine erfolgreiche Gehaltsverhandlung ist mehr als nur die Nennung von Zahlen. Auch Ihre Kommunikationsfähigkeit spielt eine entscheidende Rolle.

- **Selbstbewusst auftreten:** Zeigen Sie, dass Sie sich Ihrer Fähigkeiten bewusst sind und den Wert Ihrer Arbeit kennen.

- **Aktiv zuhören:** Hören Sie aufmerksam zu, was Ihr Gesprächspartner zu sagen hat.

- **Offen und ehrlich sein:** Seien Sie ehrlich bezüglich Ihrer Erwartungen, aber vermeiden Sie es, zu fordernd zu wirken.

- **Fragen stellen:** Scheuen Sie sich nicht, Fragen zu stellen, um alle Details zu klären.

Mögliche Formulierungen Ihrerseits bei der Frage nach der Vergütung sind z.B. „Ich gehe davon aus, dass eine solche verantwortungsvolle Position von Ihnen nicht unter xyz Euro p.a. vergütet wird" oder „Üblich sind in der Branche von ... bis ... Das hängt davon ab, was Sie wollen...,wenn Sie jemanden wollen, der nur Dienst nach Vorschrift macht und stupide abarbeitet, ist man eher am unteren Rand, wenn Sie jemanden suchen, der selbstständig arbeitet, stets die Unternehmensinteressen im Auge hat und das Geschäft womöglich so ausbaut, ist man eher am oberen Rand"....

Strategien für die Gehaltsverhandlung

- **Proaktive Gesprächsführung:** Übernehmen Sie die Initiative und sprechen Sie offen über Ihre Gehaltsvorstellungen. Z.B. „Das klingt alles sehr interessant und würde mich wirklich sehr reizen, weil ich da viele meiner Fähigkeiten für Sie einsetzen kann und die Stelle wie Faust aufs Auge passt. Aber Sie wissen ja, wie es ist: Auch das Finanzielle muss stimmen. Bei dem, was Sie erwarten, gehe ich davon aus, dass Sie in einem Rahmen von ... bis ... denken. Korrigieren Sie mich, wenn ich das falsch liege".

- **Argumente liefern:** Begründen Sie Ihre Gehaltsforderung mit konkreten Beispielen für Ihre Leistungen und Ihren Beitrag zum Unternehmenserfolg.

- **Flexibilität zeigen:** Seien Sie bereit, Kompromisse einzugehen, aber lassen Sie sich nicht unter Wert verkaufen.

- **Zusätzliche Leistungen aushandeln:** Neben dem Gehalt können Sie auch weitere Leistungen wie einen Firmenwagen, eine betriebliche Altersvorsorge oder flexible Arbeitszeiten verhandeln.

- **Schriftliche Zusammenfassung:** Bitten Sie um eine schriftliche Zusammenfassung der vereinbarten Bedingungen.

Häufige Einwände und Gegenstrategien

- **"Das Budget ist knapp.":** Bieten Sie Kompromisse an, wie z.B. eine Aufschiebung von bestimmten Leistungen oder eine gestaffelte Gehaltserhöhung.

- **"Sie sind überqualifiziert.":** Betonen Sie, dass Ihre Erfahrung und Ihr Wissen ein großer Vorteil für das Unternehmen sind und langfristig zu mehr Erfolg führen werden.

- **"Wir melden uns bei Ihnen."** Fragen Sie nach einem konkreten Zeitpunkt, zu dem Sie mit einer Antwort rechnen können.

Tipps für eine erfolgreiche Verhandlung

- **Den richtigen Zeitpunkt wählen:** Beginnen Sie die Gehaltsverhandlung nicht zu früh und nicht zu spät.

- **Nicht zu schnell einwilligen:** Nehmen Sie sich Zeit zur Überlegung, bevor Sie eine Entscheidung treffen.

- **Vertrauen Sie auf Ihre Vorbereitung:** Ihre Vorbereitung gibt Ihnen Sicherheit und stärkt Ihre Position.

- **Bleiben Sie positiv:** Auch wenn die Verhandlung nicht ganz so läuft, wie Sie es sich vorgestellt haben, bleiben Sie positiv.

Was tun, wenn die Verhandlung scheitert?

Sollte es nicht zu einer Einigung kommen, ist das noch kein Grund zur Panik. Überlegen Sie, ob die Position und das Unternehmen wirklich zu Ihnen passen. Wenn nicht, haben Sie immer noch die Möglichkeit, weiterzusuchen.

Die Gehaltsverhandlung ist eine wichtige Phase bei einem Jobwechsel. Mit einer guten Vorbereitung, einer klaren

Kommunikation und einer positiven Einstellung können Sie Ihre Chancen auf ein erfolgreiches Ergebnis deutlich erhöhen. Denken Sie daran: Ihr Gehalt ist nicht nur eine finanzielle Anerkennung, sondern auch ein Spiegelbild Ihres Wertes für das Unternehmen.

10.2 Verhandlungen in wirtschaftlich schwierigen Zeiten

Manchmal arbeitet man für ein Unternehmen, dem es gerade nicht so gut geht. Vielleicht gehen die Aufträge zurück, das Unternehmen schreibt Verluste oder der Branche geht es nicht gut. Dennoch können Sie nicht jahrelang auf eine Gehaltserhöhung verzichten. Die Inflation und Teuerung nimmt ja auch keine Rücksicht auf Sie.

Die besondere Herausforderung wirtschaftlicher Turbulenzen

In wirtschaftlich schwierigen Zeiten sind Unternehmen oft mit Budgetkürzungen konfrontiert. Dies kann dazu führen, dass Gehaltserhöhungen als Luxus angesehen werden. Dennoch gibt es Möglichkeiten, auch in solchen Situationen erfolgreich zu verhandeln.

- **Verstärkte Konkurrenz:** Mehr Menschen sind auf der Suche nach Arbeit, was die Verhandlungsposition des Arbeitnehmers schwächen kann.

- **Unsicherheit:** Die allgemeine Unsicherheit kann dazu führen, dass Arbeitnehmer weniger selbstbewusst in die Verhandlung gehen.

- **Unternehmensspezifische Probleme:** Unternehmen können mit spezifischen Herausforderungen konfrontiert sein, die die Bereitschaft zur Gehaltserhöhung verringern.

Vorbereitung ist der Schlüssel zum Erfolg

Eine gründliche Vorbereitung ist auch in schwierigen Zeiten unerlässlich.

- **Marktforschung:** Informieren Sie sich über die aktuelle Marktsituation in Ihrer Branche und vergleichen Sie Ihr Gehalt mit dem Branchendurchschnitt.

- **Eigene Leistungen dokumentieren:** Führen Sie eine Liste Ihrer Erfolge und Leistungen der letzten Zeit.

- **Unternehmenssituation analysieren:** Versuchen Sie herauszufinden, wie sich die wirtschaftliche Lage auf Ihr Unternehmen auswirkt.

- **Alternativen prüfen:** Überlegen Sie sich, welche alternativen Leistungen Sie im Gegenzug für eine Gehaltserhöhung akzeptieren könnten.

Strategien für schwierige Zeiten

- **Empathie zeigen:** Zeigen Sie Verständnis für die schwierige wirtschaftliche Lage des Unternehmens.

- **Langfristige Perspektive:** Betonen Sie, dass Ihre langfristige Bindung an das Unternehmen wichtig ist und dass eine faire Bezahlung dazu beiträgt.

- **Leistungsbezug:** Stellen Sie einen klaren Zusammenhang zwischen Ihrer Leistung und Ihrer Gehaltsforderung her.

- **Win-win-Situation:** Machen Sie deutlich, dass eine Gehaltserhöhung für beide Seiten von Vorteil sein kann.

- **Flexibilität zeigen:** Seien Sie offen für Kompromisse und alternative Lösungsansätze.

- **Erwähnen Sie, dass gerade in schwierigen Zeiten, erfahrene Mitarbeiter wichtig für das Unternehmen sind und Potentiale heben können, die möglicherweise zu einer Verbesserung der Situation führen können.** Das, was man in solchen Situationen am wenigsten gebrauchen kann, sind neue Mitarbeiter ohne Erfahrung, die erst noch angelernt werden müssen.

Typische Einwände und Gegenargumente

- **"Das Unternehmen hat keine finanziellen Mittel.":**

  - o **Gegenargument:** Bitten Sie um eine schriftliche Begründung oder schlagen Sie alternative Vergütungsmodelle vor (z.B. leistungsabhängige Boni).

  - o **Alternativen:** Fragen Sie nach anderen Leistungen wie Weiterbildungsmöglichkeiten oder flexiblen Arbeitszeiten.

- **"Ihre Leistung ist nicht ausreichend für eine Erhöhung.":**

  - o **Gegenargument:** Präsentieren Sie konkrete Beispiele für Ihre Erfolge und Ihren Beitrag zum Unternehmenserfolg.

  - o **Alternativen:** Vereinbaren Sie konkrete Ziele, deren Erfüllung an eine zukünftige Gehaltserhöhung gekoppelt ist.

- **"Wir müssen alle zusammenhalten.":**

- Gegenargument: Betonen Sie, dass auch Sie bereit sind, Ihren Teil zur Lösung der Probleme beizutragen, z.B. Mehrarbeit, Überstunden oder neue Initiativen. Aber eben nicht beim Gehalt.
- Alternativen: Schlagen Sie vor, gemeinsam nach Lösungen zu suchen, wie z.b. eine vorübergehende Kürzung anderer Leistungen.

Zusätzliche Tipps

- **Timing ist alles:** Wählen Sie einen Zeitpunkt für das Gespräch, an dem Ihr Vorgesetzter entspannt und aufgeschlossen ist.

- **Positive Stimmung schaffen:** Beginnen Sie das Gespräch positiv und betonen Sie Ihre Wertschätzung für das Unternehmen.

- **Schriftliche Zusammenfassung:** Bitten Sie um eine schriftliche Zusammenfassung der vereinbarten Punkte.

- **Netzwerk nutzen:** Sprechen Sie mit Kollegen oder ehemaligen Kollegen über ihre Erfahrungen mit Gehaltsverhandlungen.

Auch in wirtschaftlich schwierigen Zeiten ist es möglich, eine erfolgreiche Gehaltsverhandlung zu führen. Mit einer guten Vorbereitung, einer klaren Kommunikation und einer flexiblen Haltung können Sie Ihre Chancen erhöhen. Denken Sie daran, dass eine faire Bezahlung nicht nur Ihre Motivation steigert, sondern auch zum Erfolg des Unternehmens beiträgt.

10.3 Zusatzleistungen und Boni heraushandeln

Wenn der Chef partout keine Gehaltserhöhung zahlen will, dann sollte man versuchen, wenigsten Zusatzleistungen oder Boni auszuhandeln.

Wird eine Gehaltserhöhung abgelehnt, ist das noch kein Grund aufzugeben. Es gibt eine Vielzahl von Zusatzleistungen und Boni, die Sie stattdessen oder zusätzlich aushandeln können. Diese können Ihren Gesamtverdienst aufwerten und Ihre Zufriedenheit am Arbeitsplatz steigern.

Warum Zusatzleistungen attraktiv sind

Zusatzleistungen bieten sowohl für Mitarbeiter als auch für Arbeitgeber Vorteile:

- **Für Mitarbeiter:**
  - o **Mehr Flexibilität:** Flexible Arbeitszeiten, Homeoffice-Optionen oder Sabbaticals können die Work-Life-Balance verbessern.
  - o **Weiterbildung:** Weiterbildungsmöglichkeiten fördern die persönliche und berufliche Entwicklung.
  - o **Gesundheit:** Betriebliche Gesundheitsmaßnahmen und Vorsorgeuntersuchungen tragen zur Gesundheit bei.
  - o **Zusätzliche finanzielle Vorteile:** Betriebliche Altersvorsorge, vermögenswirksame Leistungen oder Sachbezüge können den Geldbeutel entlasten.

- **Für Arbeitgeber:**

  o **Mitarbeiterbindung:** Attraktive Zusatzleistungen können Mitarbeiter motivieren und an das Unternehmen binden.

- **Image:** Ein gutes Angebot an Zusatzleistungen verbessert das Image des Unternehmens als attraktiver Arbeitgeber.

Welche Zusatzleistungen sind denkbar?

Die Palette der möglichen Zusatzleistungen ist groß und hängt von der Branche, der Unternehmensgröße und der individuellen Situation ab. Hier sind einige Beispiele:

- **Flexible Arbeitszeiten:** Gleitzeit, Teilzeit, Jobsharing, Homeoffice

- **Weiterbildung:** Übernahme von Weiterbildungskosten, interne Schulungen, Förderung von berufsbegleitenden Studiengängen

- **Betriebliche Altersvorsorge:** Zusätzliche Einzahlungen in die betriebliche Altersvorsorge

- **Gesundheit:** Betriebliche Krankenversicherung, Fitnessstudio-Mitgliedschaft, Gesundheitskurse

- **Urlaub:** Zusätzliche Urlaubstage, Sabbaticals

- **Kinderbetreuung:** Zuschüsse zur Kinderbetreuung

- **Vermögenswirksame Leistungen:** Zuschüsse zu vermögenswirksamen Leistungen

- **Sachbezüge:** Dienstwagen, Essenszuschuss, Jobticket

- **Mitarbeiterrabatte:** Rabatte auf Produkte oder Dienstleistungen des Unternehmens

- **Mitarbeiterbeteiligung:** Aktienoptionen, Gewinnbeteiligung

- **Bonifikationen bei Erreichen besonderer Ziele (quantitativ oder qualitativ)**

Wie man Zusatzleistungen erfolgreich aushandelt

1. **Bedürfnisse analysieren:** Überlegen Sie, welche Zusatzleistungen für Sie persönlich am wichtigsten sind.

2. **Marktforschung:** Informieren Sie sich über die üblichen Zusatzleistungen in Ihrer Branche und in ähnlichen Unternehmen.

3. **Argumente vorbereiten:** Begründen Sie, warum die von Ihnen gewünschten Zusatzleistungen für Sie und das Unternehmen von Vorteil sind.

4. **Kompromissbereitschaft zeigen:** Seien Sie bereit, Kompromisse einzugehen, um eine für beide Seiten akzeptable Lösung zu finden.

5. **Schriftliche Vereinbarung:** Lassen Sie alle Vereinbarungen schriftlich festhalten.

Tipps für die Verhandlung

- **Konkret werden:** Formulieren Sie Ihre Wünsche konkret und spezifisch.

- **Bezüge herstellen:** Zeigen Sie auf, wie die gewünschten Zusatzleistungen zu Ihrem persönlichen und beruflichen Erfolg beitragen.

- **Langfristige Perspektive:** Betonen Sie den langfristigen Nutzen der Zusatzleistungen für das Unternehmen.

- **Positive Stimmung schaffen:** Führen Sie die Verhandlung in einem positiven und konstruktiven Klima.

- **Flexibel bleiben:** Seien Sie offen für alternative Vorschläge.

Auch wenn eine Gehaltserhöhung nicht möglich ist, gibt es zahlreiche Alternativen, die Ihre Gesamtvergütung aufwerten können. Durch eine gezielte Auswahl von Zusatzleistungen können Sie Ihre Zufriedenheit am Arbeitsplatz steigern und gleichzeitig Ihre Verhandlungsposition stärken.

11.0 Nützliche Werkzeuge und Ressourcen

Eine Gehaltsverhandlung sollte man nie (nie!) unvorbereitet über die Bühne gehen lassen. Manchmal wollen Arbeitgeber das und nutzen den Überraschungs- oder besser: Übertölpelungseffekt. Man kann sich dann nicht richtig vorbereiten und denkt hinterher „Hätte ich doch besser noch dieses oder jenes gesagt, dann wäre es anders gelaufen…". Damit das bei Ihnen anders ist: Immer gut auf eine Gehaltsverhandlung vorbereiten und alle vorhandenen Ressourcen dazu nutzen.

11.1 Checklisten und Vorlagen

Absolut! Ein Unterkapitel zu Checklisten und Vorlagen ist eine hervorragende Ergänzung für ein Buch über Gehaltsverhandlungen. Hier ist ein ausführlicher Entwurf, der dir als Grundlage dienen kann:

Checklisten und Vorlagen – Dein Werkzeugkasten für erfolgreiche Gehaltsverhandlungen

In diesem Kapitel stellen wir Ihnen praktische Werkzeuge zur Verfügung, die Sie optimal auf Ihre Gehaltsverhandlungen vorbereiten. Checklisten und Vorlagen dienen als Leitfaden und helfen Ihnen, alle wichtigen Aspekte im Blick zu behalten. Sie strukturieren Ihre Gedanken und geben Ihnen Sicherheit im Gespräch.

Checkliste: Vorbereitung auf die Gehaltsverhandlung

- **Selbstreflexion:**

- o Welche Leistungen hast du in den letzten [Zeitraum] erbracht?

- o Welche Projekte hast du erfolgreich abgeschlossen?

- o Wie hast du zur Erreichung der Unternehmensziele beigetragen?

- o Welche zusätzlichen Qualifikationen hast du erworben?

- o Welche Herausforderungen hast du gemeistert?

- **Marktforschung:**

  - o Wie hoch ist das durchschnittliche Gehalt für deine Position und Erfahrung in deiner Branche und Region?

  - o Welche Gehaltsbänder bieten vergleichbare Unternehmen an?

  - o Welche Zusatzleistungen (z.B. Urlaubstage, Weiterbildungsmöglichkeiten) sind üblich?

- **Zielsetzung:**

  - o Welches Gehalt strebst du an?

  - o Welche Argumente unterstützen deine Forderung?

  - o Welches sind deine nicht-verhandelbaren Punkte?

  - o Welches ist dein bestes und schlechtestes Szenario?

- **Unternehmenssituation:**
  - Wie ist die finanzielle Lage des Unternehmens?
  - Welche Ziele verfolgt das Unternehmen?
  - Wie schätzt du die Bedeutung deiner Position für das Unternehmen ein?
- **Verhandlungsstrategie:**
  - Welche Argumente sind am überzeugendsten?
  - Welche Einwände könnten kommen und wie kannst du darauf reagieren?
  - Welche Fragen kannst du stellen, um mehr Informationen zu erhalten?
  - Wie willst du auf eine Ablehnung reagieren?
- **Vorbereitung auf das Gespräch:**
  - Wähle einen geeigneten Zeitpunkt und Ort für das Gespräch.
  - Übe deine Argumente und Antworten auf mögliche Fragen.
  - Ziehe dich angemessen an und gehe selbstbewusst ins Gespräch.

Vorlagen

1. Vorlage: E-Mail zur Terminvereinbarung

Betreff: Gesprächsangebot – Anpassung der Vergütung

Sehr geehrte/r [Name des Vorgesetzten],

ich möchte gerne einen Gesprächstermin mit Ihnen vereinbaren, um über eine mögliche Anpassung meiner Vergütung zu sprechen.

Ich bin seit [Anzahl] Jahren in unserem Unternehmen tätig und habe in dieser Zeit [Deine Leistungen kurz zusammenfassen].

Ich schätze die Zusammenarbeit sehr und bin überzeugt, dass meine Leistungen einen Beitrag zum Erfolg des Unternehmens leisten.

Gerne stehe ich Ihnen für ein persönliches Gespräch zur Verfügung.

Mit freundlichen Grüßen,

[Dein Name] [Deine Position]

2. Vorlage: Notizen für das Gespräch

- **Meine Stärken und Erfolge:**
  - ...

- **Marktwerte für meine Position:**
  - ...

- **Meine Ziele:**

- o   ...

- **Mögliche Einwände und meine Antworten:**

  - o   ...

- **Offene Fragen:**

3. Vorlage: Dankesschreiben nach der Gespräch

Betreff: Rückmeldung zum Gespräch am [Datum]

Sehr geehrte/r [Name des Vorgesetzten],

vielen Dank für das konstruktive Gespräch über meine Vergütung. Ich schätze es sehr, dass Sie sich die Zeit genommen haben.

Wir haben über [Wichtigste Punkte des Gesprächs] gesprochen. Ich bin zuversichtlich, dass wir eine für beide Seiten zufriedenstellende Lösung finden werden. Vereinbart hatten wir: ….

Ich freue mich auf Ihre Rückmeldung, besonders im Punkt….

Gerne würde ich auch zukünftig meine Energie in das Unternehmen stecken

Mit freundlichen Grüßen,

[Dein Name] [Deine Position]

Um Ihr Wissen über Gehaltsverhandlungen weiter zu vertiefen, möchten wir Ihnen eine Auswahl an Büchern und Online-Ressourcen empfehlen. Diese Werke bieten Ihnen zusätzliche Einblicke, Strategien und Tipps, die Ihnen bei Ihren zukünftigen Verhandlungen helfen können.

Empfohlene Literatur:

- **Geheime Tricks für mehr Gehalt** von Martin Wehrle: Dieses Buch deckt die häufigsten Stolperfallen bei Gehaltsverhandlungen auf und gibt praktische Tipps, wie Sie Ihr Gehalt erfolgreich erhöhen können.

- **Verhandeln** von Daniel Shapiro: In diesem Werk lernen Sie, wie Sie Konflikte entschärfen und erfolgreiche Verhandlungen führen können.

- **Die Kunst des Verhandelns** von Roger Fisher und William Ury: Ein Klassiker der Verhandlungsliteratur, der Ihnen die Grundlagen erfolgreicher Verhandlungen vermittelt.

- **Gut verhandelt** von Stefan Verra: Dieses Buch zeigt Ihnen, wie Sie Ihre Verhandlungsstärke durch psychologische Tricks erhöhen können.

- **Die Macht der Fragen** von Susan Scott: Auch wenn dieses Buch nicht direkt auf Gehaltsverhandlungen abzielt, kann die Fähigkeit, gute Fragen zu stellen, in Verhandlungen von großem Vorteil sein.

Lesen Sie diese Bücher am besten jetzt schon, damit Sie nicht unter Zeitdruck kommen, wenn es unerwartet früh zum Thema

Gehaltsverhandlung kommt. Bücher über Verhandlungstechnik helfen überdies auch in anderen Lebenssituationen und schaden ohnehin nicht. Ob beim Autokauf, der Anmietung von Wohnungen oder beim Gespräch über das Gehalt: Wer Gesprächsführung und Verhandlungstechnik verbessert, hat auch die besseren Karten.

Empfohlene Online-Ressourcen

- **Blogs und Websites von Karrierecoaches und Verhandlungsexperten:** Viele Experten bieten kostenlose Inhalte wie Blogartikel, Podcasts und Videos an, die Ihnen wertvolle Tipps geben können.

- **Online-Kurse und Webinare:** Plattformen wie Coursera, Udemy und LinkedIn Learning bieten eine Vielzahl an Online-Kursen zu den Themen Verhandlung, Karriere und persönliche Entwicklung an.

- **Foren und Communities:** Tauschen Sie sich mit anderen Berufstätigen über Ihre Erfahrungen mit Gehaltsverhandlungen aus und holen Sie sich Rat.

- **Fachartikel in Wirtschaftsmagazinen:** Bleiben Sie auf dem Laufenden über aktuelle Entwicklungen und Trends in der Arbeitswelt.

Kriterien für die Auswahl der Literatur

Bei der Auswahl der richtigen Literatur sollten Sie folgende Kriterien berücksichtigen:

- **Aktualität:** Die Informationen sollten auf dem neuesten Stand sein.

- **Praxisbezug:** Die Inhalte sollten konkrete Tipps und Strategien für die Praxis bieten.

- **Lesbarkeit:** Der Schreibstil sollte klar und verständlich sein.

- **Relevanz für Ihre Situation:** Wählen Sie Bücher und Ressourcen aus, die auf Ihre spezifische berufliche Situation zugeschnitten sind.

Die hier vorgestellte Auswahl an Büchern und Online-Ressourcen soll Ihnen den Einstieg in die Welt der Gehaltsverhandlungen erleichtern. Indem Sie sich kontinuierlich weiterbilden und Ihr Wissen vertiefen, werden Sie zu einem souveränen Verhandler, der seine Ziele erfolgreich erreicht.

Hinweis: Die oben genannten Bücher und Ressourcen dienen lediglich als Anregung. Es gibt zahlreiche weitere Werke, die für Sie von Interesse sein könnten. Nutzen Sie die Suchfunktionen in Online-Buchhandlungen und Bibliotheken, um weitere Empfehlungen zu finden. Nicht jedes Buch müssen Sie auch kaufen. Viele können Sie in Büchereien auch ausleihen. Im Verhältnis zur erzielbaren Gehaltssteigerung lohnt sich allerdings auch jeder Kauf eines entsprechenden Ratgebers. Das Geld haben Sie schnell wieder drin. Selbst, wenn Sie nur ein bisschen besser beim Verhandeln geworden sind.

12.0 Schlusswort

Eine Gehaltsverhandlung zu führen, ist für viele Menschen unangenehm. Für Frauen tendenziell mehr als für Männer. Dafür gibt es aber gar keinen Grund. Man sollte keine Angst davor haben. Die Gegenseite – der Arbeitgeber – hat zwar tendenziell ein eher geringes Interesse mehr Geld für Gehälter auszugeben, aber das sollte man nicht überbewerten. Der Arbeitgeber hat nämlich auch kein Interesse, wieder neue Mitarbeiter zu suchen und einzuarbeiten. Auf gute, bestehende Mitarbeiter kann er sich verlassen und weiß, was er hat. Bei neuen Mitarbeitern kann das sein, dass man die innerhalb der Probezeit wieder entlassen muss und diese sich nicht richtig in die Materie einarbeiten.

Daher ist es für den Arbeitgeber oft die billigere Methode, bestehendes Personal besser zu bezahlen. Im Grunde weiß das der Arbeitgeber auch und pokert oft nur.

Wer gut vorbereitet in ein Gehaltsverhandlungsgespräch geht, hat auch gute Chancen, mit einer Gehaltserhöhung aus diesem wieder rauszukommen.

Mit der Lektüre dieses Buches haben Sie bereits den ersten Schritte gemacht. Schauen Sie immer wieder in das eine oder andere Kapitel und üben Sie das Gehaltsgespräch mit Ihrem Partner oder mit Freunden. Über Sie auch die Einwandbehandlung mit den typischen Einwänden wie „Sie wissen doch, wie die Lage im Moment ist" oder „Wir müssen immer auch auf das Gehaltsgefüge achten und da sind sie schon ganz weit oben..."

Die Antworten müssen von Ihnen wie aus der Pistole geschossen kommen, darauf kann der Arbeitgeber dann meist nichts mehr sagen.

Sie haben mehr Geld für Ihre Arbeit verdient, weil Sie ja auch manchmal die Extrameile gehen.

Weil Sie besser als andere in der Abteilung sind.

Weil Sie mehr wissen oder mehr können als andere in der Abteilung.

Und das muss auch honoriert werden.

Hören Sie auf ein schlechtes Gewissen zu haben, sondern fordern Sie einfach eine faire Bezahlung Ihrer Leistung.

Sie erbringen eine gute Leistung, also haben Sie auch gutes Geld verdient.

In dem Sinne: Üben Sie das Gespräch und planen Sie zeitlich das nächste Gehaltsgespräch. Versteht sich, dass Sie in den Wochen natürlich auch im Job reinklotzen. Viel Erfolg!